500만 독자 여러분께
감사드립니다!

세상이 아무리 바쁘게 돌아가더라도
책까지 아무렇게나 빨리 만들 수는 없습니다.

길벗은 독자 여러분이
가장 쉽게, 가장 빨리 배울 수 있는 책을
한 권 한 권 정성을 다해 만들겠습니다.

독자의 1초를 아껴주는
정성을 만나보세요.

미리 책을 읽고 따라해 본 2만 베타테스터 여러분과
무따기 체험단, 길벗스쿨 엄마 2% 기획단,
시나공 평가단, 토익 배틀, 대학생 기자단까지!
믿을 수 있는 책을 함께 만들어주신 독자 여러분께 감사드립니다.

(주)도서출판 길벗 www.gilbut.co.kr
길벗 이지톡 www.eztok.co.kr

성공하는 **펀딩 프로젝트**의 비밀

크라우드
펀딩으로
돈 벌기

신장훈 지음

길벗

크라우드 펀딩으로 돈 벌기

Making Money on Crowd Funding

초판 발행 · 2020년 12월 24일

지은이 · 신장훈
발행인 · 이종원
발행처 · (주)도서출판 길벗
출판사 등록일 · 1990년 12월 24일
주소 · 서울시 마포구 월드컵로 10길 56(서교동)
대표 전화 · 02)332-0931 | **팩스** · 02)322-0586
홈페이지 · www.gilbut.co.kr | **이메일** · gilbut@gilbut.co.kr

기획 및 책임 편집 · 최동원(cdw8282@gilbut.co.kr)
표지 및 본문 디자인 · 이도경 | **제작** · 이준호, 손일순, 이진혁 | **영업마케팅** · 임태호, 전선하, 차명환
웹마케팅 · 조승모, 지하영 | **영업관리** · 김명자 | **독자지원** · 송혜란, 윤정아
교정교열 · 안종군 | **전산편집** · 예다움 | **CTP 출력 및 인쇄** · 두경 M&P | **제본** · 경문제책

ISBN 979-11-6521-405-0 03320
(길벗 도서번호 007077)

가격 16,000원

독자의 1초를 아껴주는 정성 길벗출판사

길벗 | IT실용서, IT/일반 수험서, IT전문서, 경제실용서, 취미실용서, 건강실용서, 자녀교육서
더퀘스트 | 인문교양서, 비즈니스서
길벗이지톡 | 어학단행본, 어학수험서
길벗스쿨 | 국어학습서, 수학학습서, 유아학습서, 어학학습서, 어린이교양서, 교과서

페이스북 | www.facebook.com/gilbutzigy
네이버 포스트 | post.naver.com/gilbutzigy

성공하는 **펀딩 프로젝트**의 비밀

크라우드 펀딩으로 돈 벌기

나름 독자로서 충실한 삶을 살아왔지만 제가 책을 집적 집필하게 될 것이라는 생각은 못했습니다. 이렇게 기회를 주신 길벗출판사에 감사드립니다. 집필을 시작할 수 있도록 도와 주시고, 지금까지 제 커리어에 있어 가장 많은 도움을 주신 김정환 이사님께 진심으로 감사의 말씀을 전합니다. 가진 것도 없고, 수입도 변변치 않은데, 듣도 보도 못한 요상한 일을 하는 남자친구를 만나, 이렇게 책을 쓰는 지금까지 함께 해주는 아내 미영이에게 진심으로 고맙고, 사랑한다는 말을 전합니다. 올해 3월 태어난 우리 딸 아린이 덕분에 여러가지 새로운 시작을 할 수 있었습니다. 아무래도 복 덩어리인 것 같네요. 늘 곁에서 응원해주는 어머니, 아버지, 동생 장현이 가족들에게도 감사의 마음을 전합니다. 모두 늘 건강하고 행복하길 희망합니다.

크라우드 펀딩의 시작

저는 크라우드 펀딩이 국내에서 걸음마를 시작하던 2013년 무렵부터 크라우드 펀딩 업계에 몸 담고 프로젝트를 기획, 런칭하거나 크라우드 펀딩에 적합한 아이템을 발굴해 프로젝트를 오픈 하고 관리·운영하는 일을 했습니다. 당시에는 사기가 아니냐는 의심을 받기도 하고, 계속 연락 하면 고소하겠다는 협박 아닌 협박을 받았기도 했는데, 크라우드크라우드에 대한 책을 집필하 게 되어 감회가 새롭습니다.

또한 증권형 크라우드 펀딩 사업이 가능해진 2015년에는 증권형 펀딩과 리워드형 펀딩을 함께 다루는 크라우드 펀딩 플랫폼의 창업 멤버로 합류해 플랫폼을 직접 운영했고 그후로도 크고 작 은 회사에서 크라우드 펀딩을 응용한 신사업을 담당하거나 관련 스타트업에서도 일을 했습니 다. 그 덕분에 크라우드 펀딩 사업의 흥망성쇠를 직·간접적으로 경험할 수 있었습니다.

이 책의 제목은 《크라우드 펀딩으로 돈 벌기》입니다. 하지만 아쉽게도 크라우드 펀딩으로 돈을 벌기는 어렵습니다. 심지어 노력에 비해 실제로 번 돈이 적을 수도 있습니다. 그렇다면 크라우드 펀딩으로 돈을 벌 수 있다는 말은 거짓일까요? 그렇지 않습니다. 크라우드 펀딩을 통해 개발☒ 생산 자금을 조달하는 동시에 시장의 수요를 파악하고 유료 고객 커뮤니티를 개발할 수도 있고 펀딩에 참여한 후원자들에게 피드백을 받아 상품을 개선한 후 더 나은 버전으로 시장에 내놓을 수도 있습니다. 이러한 측면에서 볼 때 크라우드 펀딩은 돈을 버는 수단이 아니라 초기 리스크 를 최대한 줄여 좀 더 안전하게 돈을 벌 수 있는 기반을 마련하는 도구라고 생각해야 합니다.

크라우드 펀딩의 인지도가 높아진 만큼 양질의 정보를 얻기 어려워졌고 크라우드 펀딩에 대한 오해도 많아진 것 같습니다. 가장 대표적인 예로는 크라우드 펀딩을 온라인 쇼핑 플랫폼 정도로 생각하고 접근하는 것을 들 수 있습니다. 이런 오해 때문에 각종 크라우드 펀딩 플랫폼에는 자 사의 특장점만 소개하거나 개인의 펀딩 경험에 대한 피상적인 관점의 정보가 많습니다. 이 책에 서는 크라우드 펀딩은 어떤 배경에서 탄생했고 또 무엇을 할 수 있는지 소개합니다. 그리고 국내 대표 플랫폼 두 곳에 펀딩 프로젝트를 등록하는 과정을 알아봅니다.

크라우드 펀딩의 현재

최근 배송이 자주 지연되거나, 상품의 퀄리티가 낮거나, 해외 제품을 그대로 가져다가 마치 자체적으로 개발한 것처럼 속이는 일 등으로 인해 신뢰가 많이 무너졌습니다. 2015년 즈음부터 3~4년이라는 짧은 기간 동안 크라우드 펀딩 시장이 급성장하다 보니 '도전'과 '지원'의 개념보다는 늦게 받는 대신 싸게 살 수 있는 '느린 쇼핑몰' 또는 공동 구매의 일종으로 인지된 경향이 있습니다. 제품을 저렴하게 구입했더라도 하자가 있다면 소비자의 입장에서는 속이 상할 것입니다. 더욱이 배송까지 지연되면 분노는 더 커질 수밖에 없습니다.

그런데 이보다 심각한 문제는 이 분노를 프로젝트 진행자에게 표출한다는 것입니다. 상품만 소개하는 쇼핑몰의 상세페이지와 달리, 프로젝트 진행자의 이름과 얼굴을 걸고 프로젝트를 진행하다 보니 이런 일이 발생하는 것입니다. 이런 상황에 이르게 된 데에는 플랫폼의 책임도 있기 때문에 관계자로서 책임을 절감하고 있습니다. 국내 크라우드 펀딩 플랫폼에 유수의 대기업이 프로젝트 진행자로 들어올 정도로 성장하긴 했지만, 여전히 첫 제품을 만들어 보는 초보 창업가, 제작 자금이 부족한 소규모 업체, 해당 분야의 프로는 아니지만 아이디어를 실현해 보고 싶은 아마추어 창작자들이 많습니다.

크라우드 펀딩의 미래

저의 바람은 크라우드 펀딩을 활용한 다양한 시도가 이뤄지고 결과물이 다소 어설프고 제작 기간이 길어지더라도 지지하고 응원해주는 분위기가 형성됐으면 하는 것입니다. 물론, 플랫폼과 프로젝트 진행자의 노력이 선행되어야 합니다.

이 책을 통해 크라우드 펀딩의 본래의 취지를 살리는 사례가 많아져 '느리지만 저렴한 쇼핑몰'이 아니라 더 많은 창작자가 도전하고 응원받을 수 있는 건강한 생태계가 되길 바랍니다.

신장훈

이 책의 구성

01 컨설턴트가 알려주는
크라우드 펀딩의 기본

아직은 크라우드 펀딩이 낯선 초보 진행자를 크라우드 펀딩의 개념과 용어를 친절하게 설명합니다.

02 성공 사례 인터뷰
& 검색 탭

성공 크라우드 펀딩 인터뷰를 제공합니다. 실제 펀딩 사례와 함께 생생한 실전 꿀팁을 만나보세요.

궁금한 부분이 있다면 검색 탭을 통해 원하는 부분을 쉽고 빠르게 찾아볼 수도 있습니다.

크라우드 펀딩의 탄생부터 크라우드 펀딩의 종류, 프로젝트 설계, 등록, 홍보, 정산은 물론
크라우드 펀딩의 개념과 용어까지 자세하게 소개합니다.

03 프로젝트 신청
무작정 따라하기

컨설턴트가 대세 펀딩 플랫폼인
와디즈와 텀블벅의 프로젝트 등
록 신청 방법을 친절하게 알려줍
니다.

초보 진행자도 무작정 따라하면
어렵지 않게 프로젝트를 등록할
수 있습니다.

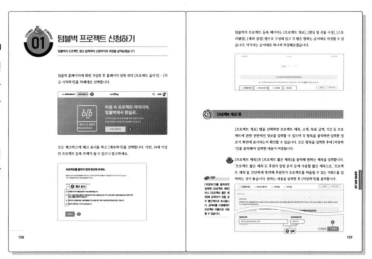

04 궁금증 해결!
TIP & 잠깐만요

[Tip]에서는 크라우드 펀딩의 용
어나 개념, 놓치고 지나칠 수 있
는 팁을 제공합니다.

[잠깐만요]에서는 추가적으로 알
아두면 좋은 유용한 정보를 제공
합니다.

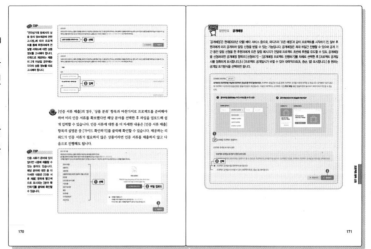

목차

무엇이든 물어 보세요!

문의사항이 있을 경우 길벗 홈페이지의 [고객센터]–[1:1 문의] 게시판에 질문을 등록해 보세요. 길벗 독자지원 센터에서 친절하게 답변해 드립니다.

❶ 길벗 홈페이지(www.gilbut.co.kr)회원가입 후 로그인하기

❷ [고객센터]–[1:1 문의] 게시판에서 '도서 이용'을 클릭하고 책 제목 검색하기

❸ '문의하기'를 클릭해 새로운 질문 등록하기

01

크라우드 펀딩이란?

크라우드 펀딩이 인기를 끌면서 'OO 크라우드 펀딩 프로젝트에서 많은 후원금을 모았다.', '크라우드 펀딩으로 재태크한다.'라는 기사를 어렵지 않게 접할 수 있게 됐습니다. 크라우드 펀딩을 통해 지금까지 세상에 없었던 제품이 나오기도 하고, 어려운 사람을 도와주기도 하는 등 크라우드 펀딩이 무엇인지는 어렴풋이 알겠는데 정리는 되지 않습니다. 크라우드 펀딩을 본격적으로 시작하기에 앞서 크라우드 펀딩이 어떤 취지로 시작됐는지 그리고 그 종류에는 무엇이 있는지부터 알아야 합니다. 그래야만 올바른 전략과 펀딩 방법을 선택할 수 있기 때문입니다. 그럼 지금부터 많은 사람이 헷갈려하는 크라우드 펀딩의 용어, 역사, 종류를 차근차근 알아보겠습니다.

클라우드 펀딩 vs. 크라우드 펀딩

맞춤법에 민감한 뉴스 기사에서조차 '크라우드 펀딩'이 아니라 '클라우드 펀딩'이라 잘못 작성된 것을 심심치 않게 볼 수 있습니다. 포털 사이트에 '클라우드 펀딩'이라 입력해도 크라우드 펀딩에 대한 정보가 표시되므로 도대체 어떤 말이 맞는지 헷갈립니다. 이제 '크라우드'와 '클라우드' 대결에 마침표를 찍겠습니다. '클라우드 펀딩'이 아니라 '크라우드 펀딩'입니다.

크라우드 펀딩(Crowd Funding)에 대한 이야기를 본격적으로 시작하기 전에 용어부터 명확히 정의해보겠습니다. 왠지 영어라 'R'이나 'L'을 넣어 발음해야 할 것 같아 그러는지는 몰라도 많은 사람이 '크라우드 펀딩'을 '클라우드 펀딩'이라고 알고 있거나 '크라우드 펀딩'이 '클라우드 펀딩'의 오타라고 알고 있습니다.

이번 **클라우드 펀딩**은 후원형과 증권형으로 나눠 지원한다. 지원대상은 해양수산 분야 (예비)창업자와 중소·벤처기업이다. 해수부는 신청 기업들에 대해 적격여부 등을 파악하기 위한 사전조사를 실시한 후 오는 7월...

클라우드 펀딩 판매

자동차 관리 문화 선도 기업 ████이 신제품 '크리스탈 OMG 쇼킹젤'을 크라우드 **펀딩** 플랫폼 와디즈(Wadiz)..., 기존 라인업 대비 새로워진 제품 컨셉에 대한 소비자 반응을 확인하고자 크라우드 **펀딩**을 통한 론칭을...

2~30대 얼리어답터들을 대표하는 **클라우드 펀딩**몰, 와디즈에서 ██████████가 6 218%의 높은 **펀딩** 달성율을 보인 데 대해 제품 기획자들은 사용자에 대한 배려가 제품 성공의 비결이라고 분석하고 있다. 일단...

패션업계 "너도나도 **클라우드 펀딩**…이유 있는 유행"

패션업계가 너도나도 '**클라우드 펀딩**'(특정목적을 위해 웹이나 모바일 네트워크를 통해 다수의 개인으로부터 자금을 모으는 행위)에 나서고 있다. 패션업계의 최대 고민인 온라인 시장을 강화할 수 있는데다 재고에 대한...

'클라우드 펀딩'으로 작성된 기사

크라우드 펀딩은 '대중(Crowd)'과 '자금(Funding)'의 합성어로, '대중에게 자금을 모으는 행동'을 의미합니다. 반면, 많은 사람이 착각하는 클라우드는 데이터를 항상 하늘에 떠 있는 '구름(Cloud)'과 같이 인터넷과 연결된 중앙 컴퓨터에 저장해 인터넷에 접속하기만 하면 데이터를 언제든지 이용할 수 있는 IT 기술을 말합니다. '크라우드 펀딩'과 '클라우드'는 엄연히 다른 용어이기 때문에 구분해 사용해야 합니다.

크라우드 펀딩은 자금을 주로 온라인을 통해 조달하기 때문에 '온라인상의 대중으로부터 자금을 모은다.'라고 정의할 수 있습니다. 크라우드 펀딩이라는 단어가 낯설었던 초창기에는 SNS 등의 소셜미디어를 통해 자금을 모집한다는 의미에서 '소셜 펀딩'이라고도 했지만, 이제는 '크라우드 펀딩'이라는 용어가 완전히 정착됐습니다.

국내 대표 크라우드 펀딩 플랫폼, 텀블벅(출처: 텀블벅)

크라우드 펀딩, 어떻게 시작됐을까?

최초의 크라우드 펀딩은 분야에 따라 조금씩 다른 설이 있습니다. 그중 가장 유력한 몇 가지를 소개합니다.

🔖 1713년, 알렉산더 포프의 번역 작업

영국 런던의 시인이자, 비평가인 알렉산더 포프는 12세에 척추결핵에 걸려 정규교육을 받을 수 없었지만, 독학으로 고전을 익혀 16세에 쓴 시집 '전원시'로 명성을 얻고 《비평론》을 통해 확고한 위치를 다진 인물입니다.

1713년, 알렉산더 포프는 '호메로스'가 그리스어로 쓴 대서사시 《일리아스(Illias)》를 영어로 번역하기로 결심합니다. 총 1만 6,000행의 일리아스를 모두 번역하는 데 약 4년의 시간이 걸릴 것이라 예상한 그는 작업 기간 동안 필요한 자금을 지원해줄 후원자를 모집하기로 합니다. 그리고 후원을 해주면 《일리아스》 초판 번역본과 함께 번역한 책에 후원자의 이름을 넣어주겠다고 약속하죠. 그 결과 750명의 후원을 받을 수 있었고 5년에 걸쳐 《일리아스》의 번역본을 완성할 수 있었습니다.

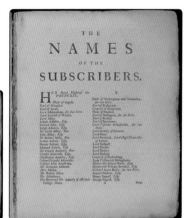

알렉산더 포프가 번역한 《일리아스》 번역본

📷 1783년, 모차르트의 비엔나 공연

우리가 잘 아는 음악가 '모차르트'도 알렉산더 포프와 비슷한 방법으로 공연 자금을 조달했습니다. 1783년, 모차르트는 오스트리아 비엔나 콘서트홀에서 직접 작곡한 피아노 협주곡을 3회에 걸쳐 공연하기를 원했고 공연을 하는 데 필요한 자금을 마련하기 위해 잠재적 후원자들에게 다음과 같은 메시지와 함께 초대장을 보냈습니다.

"3개의 협주곡은 풀 오케스트라로 공연되며, 이 협주곡은 구독하신 분에 한해 4월 초에 보실 수 있습니다(모차르트 본인이 직접 제작, 감독했습니다.)"

초대장을 처음 보냈을 당시에는 목표한 금액을 모으는 데 실패했지만 1년 후 다시 초대장을 보내 후원을 요청했을 때는 총 176명의 후원자로부터 공연 자금을 모을 수 있었습니다. 결국 약속대로 모금에 참여한 후원자들을 공연에 초대했고 후원자들에게는 협주곡 악보 원고에 이름을 새겨 제공했습니다.

악보에 새겨진 후원자들의 이름(Cornell University Library)

21

🎞 1886년, 자유의 여신상의 건립

1886년, 프랑스는 미국의 독립선언 100주년을 기념하기 위한 선물로 '자유의 여신상'을 제작하기로 했습니다. 자유의 여신상은 프랑스에서 제작하고 받침대는 미국에서 제작해 미국에서 자유의 여신상과 받침대를 조립하기로 했지만 두 나라 모두 경제 상황이 악화돼 자금이 부족해집니다.

이때 '퓰리처상'으로 유명한 신문기자 '조셉 퓰리처(Joseph Pulitzer)'가 한 가지 아이디어를 냅니다. 그 아이디어는 퓰리처가 속한 '뉴욕월드'의 신문 지면에 자유의 여신상 제작을 위한 기금 마련 광고를 내는 것으로, 후원자가 1달러를 후원하면 6인치의 작은 자유의 여신상 조각품과 복권을 제공한다는 내용이었습니다. 광고 결과, 전 세계 12만 명 이상의 사람이 후원에 참여했고 미국에서만 5개월 만에 10만 2,006달러가 모금돼 지금의 자유의 여신상을 완성할 수 있었습니다.

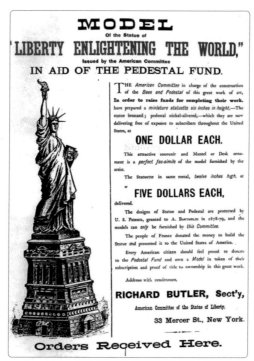

자유의 여신상 제작 기금 마련 광고

1997년, 메릴리언의 미국 순회 공연

최초의 크라우드 펀딩에 대해서는 다양한 설이 있지만 그중에서도 가장 많은 사람이 '메릴리언(Marillion)'의 사례를 최초의 크라우드 펀딩 사례로 꼽습니다. 이전의 사례와 달리 온라인을 통해 자금을 모집했기 때문이죠.

메릴리언(출처: Marillion facebook)

1997년, 영국의 록그룹 메릴리언은 미국의 많은 팬에게 공연 요청을 받았지만 음반 계약을 맺지 못한 상태로 미국 공연을 하려면 약 6만 달러라는 많은 돈이 필요했습니다. 그리고 이 사실을 이메일을 통해 1,000여 명에게 알렸고 그중 미국 노스캐롤라이나의 '제프 우즈(Jeff Woods)'의 제안으로 온라인 모금을 시작합니다. 결국 이 모금으로 미국 순회 공연에 필요한 6만 달러를 조달할 수 있었죠.

TIP

킥스타터에 대한 자세한 내용은 56쪽을 참고하세요.

이후 메릴리언의 사례에서 영감을 받아 '아티스트 셰어(Artist Share)'라는 크라우드 펀딩 플랫폼이 등장했고 아티스트 셰어를 시작으로 '인디고고', '킥스타터' 등 지금의 글로벌 크라우드 펀딩 플랫폼이 속속 등장했습니다.

크라우드 펀딩 핵심 키워드 5

크라우드 펀딩은 생각보다 간단합니다. 설정한 목표 기간 내에 목표 금액을 100% 이상 달성해야 하고 목표 금액이 달성되면 진행자는 프로젝트를 실행할 수 있으며 후원자는 약속된 리워드(보상)를 받을 수 있죠. 그러나 목표 기간 내에 목표 금액이 모이지 않으면 프로젝트는 무산되고 후원금은 후원자에게 모두 환불됩니다. 현존하는 거의 모든 크라우드 펀딩 플랫폼은 이와 같이 운영됩니다. 그런데 왜 크라우드 펀딩은 이런 정책으로 운영되는 것일까요? 크라우드 펀딩의 핵심 키워드를 하나씩 알아보면 크라우드 펀딩을 쉽게 이해할 수 있습니다.

🪙 목표 금액

기본적인 크라우드 펀딩의 목적은 뭔가를 실행하는 데 필요한 자금을 조달하는 것입니다. 이때 목표 금액은 후원자들에게 공개하는 '실행에 필요한 자금'입니다. 메릴리언의 사례를 예로 들면, '미국 순회 공연 비용 6만 달러'가 목표 금액이 되겠죠. 창작가는 음악, 영화, 출판, 디자인 등의 창작물이나 창작 활동을 위한 자금, 창업가는 제품 제작비, 양산비 등을 목표 금액으로 설정할 수 있습니다. 크라우드 펀딩이 등장하기 이전에는 훌륭한 아이디어가 있어도 이를 실행할 자금이 없어서 시작조차 하지 못했다면, 이제는 아이디어만 있다면 크라우드 펀딩을 통해 실행에 필요한 자금을 먼저 조달할 수 있게 된 것입니다.

🪙 목표 기간

목표 기간은 '필요한 자금을 모집하는 기간'입니다. 프로젝트 진행자가 설정한 기간 동안 목표 금액을 달성해야 합니다. 그렇기 때문에 목표 기간을 설정할 때 너무 짧지도, 길지도 않은 기간을 설정하는 것이 중요합니다. 목표 기간이 너무 짧으면 목표 금액을 달성하기 위한 시간이 충분하지 않고, 너무 길면 프로젝트의 실행이 그만큼 늦어지기 때문에 후원자들이 참여하지 않을 수 있습니다. 대부분의 크라우드 펀딩 플랫폼은 최대 60일까지 목표 기간으로 설정할 수 있고 주로 30~40일을 목표 기간으로 설정합니다.

리워드

리워드는 '프로젝트를 후원한 대가로 받게 되는 보상'을 말합니다. 주로 현물(제품), 서비스 등 프로젝트의 결과물을 보상으로 받게 됩니다. 그러나 목표 기간 내에 목표 금액을 100% 달성하는 데 실패한다면 프로젝트가 실행될 수 없으므로 프로젝트의 결과물 또한 나올 수 없게 됩니다. 즉, 프로젝트의 목표 금액 달성에 실패하면 약속된 보상은 받을 수 없고 후원금은 모두 후원자에게 환불됩니다. 예를 들어, '출판 비용 마련을 위한 프로젝트'에 책 가격만큼을 후원한 경우, 프로젝트가 성공했다면 책을 리워드로 받게 됩니다. 더욱이 특별한 서비스가 더해져 저자의 사인과 함께 후원자의 이름이 첫 페이지에 기재될 수 있습니다. 그러나 출판 비용만큼 후원을 받지 못한다면 책을 출판할 수 없기 때문에 후원금은 다시 후원자에게 환불됩니다. 보상형 크라우드 펀딩 프로젝트는 리워드로 현물(제품)과 서비스만 제공할 수 있습니다. 만약 보상형 크라우드 펀딩 프로젝트를 진행한다면 '프로젝트의 수익 10%를 제공한다.'라는 리워드는 제공할 수 없는 것이죠. 이렇게 수익의 일부를 리워드로 약속하는 방식은 증권형 크라우드 펀딩 프로젝트에서만 가능합니다.

💰 TIP

크라우드 펀딩의 종류에 대한 자세한 내용은 28쪽을 참고하세요.

진행자

진행자는 '크라우드 펀딩 플랫폼에 프로젝트를 등록하고 펀딩을 받는 사람'을 말합니다. 크라우드 펀딩 플랫폼과 각자의 정체성에 따라 '메이커', '창작자' 등으로 불리는데요. 이 책에서는 특정 플랫폼에 국한하지 않고 안내하기 위해 '진행자'라는 용어를 사용하겠습니다.

후원자

후원자는 '개설된 크라우드 펀딩 프로젝트를 후원한 사람'을 말합니다. 크라우드 펀딩 플랫폼마다 호칭이 다르지만 이 책에서는 좀 더 보편적인 '후원자'라는 용어를 사용하겠습니다.

02

크라우드 펀딩의 종류

크라우드 펀딩 컨설팅을 하다 보면 보상형 펀딩을 생각하며 문의하지만 정작 내용은 증권형에 가깝거나 증권형과 대출형을 혼동하는 경우가 있습니다. 크라우드 펀딩은 크게 보상형, 기부형, 증권형, 대출형으로 나눌 수 있습니다. 유형은 다르지만 결국 크라우드 펀딩이라는 카테고리에 포함되기 때문에 온라인을 통해 프로젝트 실행해 필요한 자금을 모집하고 그 대가로 뭔가를 보상한다는 작동 원리는 같습니다. 이때 '뭔가'를 주느냐에 따라 유형이 달라집니다. 이 기본 개념만 이해한다면 이어지는 내용 또한 쉽게 이해할 수 있습니다. 이번에는 크라우드 펀딩의 종류, 특징, 차이점에 대해 알아보겠습니다. 크라우드 펀딩의 유형을 이해하면 나에게 적합한 펀딩 방식을 선택하는 데 많은 도움이 될 것입니다.

보상형 펀딩

보상형(Reward-based) 펀딩은 대중에게 가장 많이 알려진 펀딩 방식입니다. 펀딩의 내가로 현물과 서비스 등을 받기 때문에 '리워드 펀딩'이라고도 합니다. 보상형 펀딩이 무엇인지 사례를 통해 구체적으로 알아보겠습니다.

크라우드 펀딩이 해외에서 시작돼 국내로 들어온 만큼 'Reward-based'를 보상으로 번역해 '보상형 펀딩' 또는 '리워드 펀딩'이라 불립니다. 이 책에서는 '보상형 펀딩'이라는 용어를 사용하겠습니다. 많은 분이 크라우드 펀딩을 이야기할 때 가장 먼저 떠올릴 만큼 친숙한 방식의 펀딩입니다. 프로젝트 진행자는 프로젝트 성공 시 후원의 대가로 프로젝트 결과물인 '현물' 또는 '서비스'를 제공합니다. '현물'과 '서비스'라는 범주가 굉장히 넓기 때문에 뭔가를 만들기 위해 자금이 필요한 분야에 활용할 수 있습니다. 모차르트의 사례처럼 공연 자금을 조달하는 대신 공연 티켓을 제공하고 악보에 후원자 이름을 서명해준 것처럼 후원자를 위한 특별한 서비스를 제공하거나 제품 양산 자금을 후원하는 조건으로 정식 출시 전에 할인된 가격으로 상품을 제공하는 등 테크, 푸드, 패션, 영화, 음악, 출판, 디자인, 공익 캠페인 등 활용 가능한 분야가 무궁무진합니다.

🔖 귀향

영화 <귀향>을 보신 분들은 엔딩크레딧이 특이하다는 것을 느끼셨을 텐데요. 엔딩크레딧에 약 7만 명의 이름이 등장해 모두 올라가는 데 10분이라는 시간이 소요됩니다. 이 7만 명의 이름은 <귀향> 제작 크라우드 펀딩 프로젝트에 참여한 후원자의 이름인데요. 조금 오래된 사례지만 아직 국내에는 생소했던 크라우드 펀딩을 대중에게 알리는 데 큰 기여를 했던 프로젝트이기 때문에 기념할 만한 사례입니다.

〈귀향〉 포스터(출처: JO Entertainment)

<귀향>은 조정래 감독이 시나리오를 쓴 지 14년 만에 완성된 영화입니다. 필요한 제작비는 20억 원 정도였고 당시에는 위안부가 민감한 소재였기 때문에 투자처를 찾기 어려운 상황이었습니다. 마지막 지푸라기를 잡는 심정으로 크라우드 펀딩에 도전했습니다. 배급이 원활하지 않을 경우 유튜브(YouTube)에 올린다는 조건까지 걸고 펀딩을 시작했습니다. 그 결과 약 7만 5,000여 명이 펀딩에 참여했고 제작비의 절반인 약 11억 6,000만 원을 모았습니다. 크라우드 펀딩 덕분에 세상에 나오지 못할 뻔한 영화가 대중의 힘으로 만들어지게 됐고 약 300만 명 이상의 관객이 몰리면서 흥행으로도 연결됐습니다.

기부형 펀딩

기부형 펀딩은 보상형 펀딩과 묶어 하나로 분류하기도 하고 따로 분류하기도 합니다. 보상형 펀딩과는 어떤 차이가 있고, 어떻게 운영되고 있는지 알아보겠습니다.

기부형(Donation-based) 펀딩은 후원의 대가로 아무것도 받지 않는 것을 말합니다. 크라우드 펀딩을 네 가지 유형으로 분류할 수 있다고 했지만 후원의 대가로 뭔가를 보상한다는 개념에서 본다면 세 가지로 나눠볼 수 있습니다. 보상형 펀딩에서 리워드를 제공하지 않으면 기부형 펀딩이 됩니다.

보상형 펀딩을 운영 중인 플랫폼은 리워드가 없는 경우 정책적으로 프로젝트를 등록할 수 없거나 별도의 카테고리로 운영하는 등 각 펀딩의 정체성에 따라 기부형 펀딩으로 구분하고 있습니다. 대가가 없는 후원이기 때문에 후원에 참여한 사람들에게 높은 수수료를 취하기 어려우며, 기부에만 다른 정책을 적용하기도 어렵기 때문입니다. 그렇기 때문에 주로 여유가 있는 대형 포털에서 사회 공헌 목적의 차원으로 비영리 단체의 온라인 모금을 지원하는 형태로 운영되고 있습니다.

네이버의 기부형 크라우드 펀딩 서비스, 해피빈(출처: 해피빈)

🖥️ 같이가치 - 코로나 모금함

최근 코로나 사태로 많은 사람이 어려움을 겪고 있는데요. '카카오 같이가치'에서는 '사랑의 열매' 주최로, 코로나로 어려운 상황에 처해 있는 의료진, 봉사자, 재난 취약 계층에게 마스크, 손소독제 등 위생 용품과 생필품, 도시락 등을 지원하기 위한 기부 프로젝트가 진행됐습니다. 기부 참여를 독려하기 위해 16명의 작가와 함께 이모티콘을 제작해, 이모티콘이 판매될 때마다 판매 금액 전액 1,000원을 기부하는 형태로 진행됐습니다. 그 결과 약 7억 원이 모금돼 약속한 대로 코로나 피해 지원과 의료진 및 봉사자를 지원하는 데 사용됐습니다.

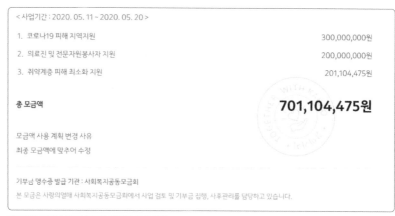

같이가치 코로나 모금함(출처: 카카오 같이가치)

증권형 펀딩

보상형 펀딩이 개별 프로젝트에 가깝다면 증권형 펀딩(Equity-based)은 투자와 금융의 성격이 강합니다. 증권형 펀딩은 스타트업이나 중소기업과 같이 앞으로의 성장이 기대되는 비상장회사에 투자하는 방식으로, '배달의 민족', '토스', '야놀자'와 같은 새로운 서비스를 제공하는 회사의 초기 단계에 다수의 투자자가 소액을 투자하는 것을 말합니다. 사실 증권형 펀딩 하나만으로 책 한 권의 분량을 채울 수도 있지만 여기서는 간략하게 소개하겠습니다.

그동안 일반적으로 기업이 자금을 조달하는 방법은 은행 대출이나 *엔젤 투자, *벤처캐피털 같은 곳에서 투자를 받는 것이었습니다. 만약 운이 좋다면 정부 지원을 받을 수도 있지만 은행이나 엔젤 투자, 벤처캐피털은 아이디어가 좋으니 도전해보라며 선뜻 자금을 내주는 낭만적인 곳이 아니죠. 또한 기술의 발전과 트렌드가 빠르게 변화하는 최근에는 소수의 심사 담당자가 사업성을 판단하기도 어려울 것입니다.

이런 상황에서 미국은 2012년, 대중에게 사업을 직접 평가받고 자금을 조달할 수 있도록 하는 'JOBS법(Jumpstart Our Business Startups Act)'을 제정했습니다. 혁신의 대명사인 '스티브 잡스(Steve Jobs)'가 생각나는 이 법안은 스타트업과 중소기업이 크라우드 펀딩을 통해 자금 조달을 허용하는 것과 이후 상장 조건 및 규제 완화를 골자로 하고 있습니다.

국내에서도 미국의 JOBS법과 비슷한 법안이 꽤 오랫동안 국회에 머물다 2015년 7월 6일 '자본시장과 금융투자업에 관한 법률개정안'에 포함됐고 2016년 1월 25일에 '와디즈', '유캔스타트', '오픈트레이드', '인크', '신화웰스펀딩'이 인가를 받아 첫 증권형 크라우드 펀딩이 시행됐습니다.

증권형 펀딩의 대상은 창업 7년 이내의 스타트업, 중소기업과 같은 비상장회사이며 벤처 및 *이노비즈 인증기업, *메인비즈기업, *사회적 기업은 7년을 초과해도 증권형 펀딩을 통해 최대 15억 원까지 자금을 조달할 수 있습니다. 다만, 금융·보험업, 부동산업, (유흥)주점업, 무도장 운영업 등의 업종은 제외됩니다.

기본적으로 비상장회사라면 누구나 투자할 수 있기 때문에 투자자에는 제한이 없습니다. 하지만 투자에는 늘 위험이 따르죠. 그리고 새로운 개념의 투자 방식이 도입됐을 때, 국가는 투자자의 보호를 최우선으로 합니다. 이와 같은 이유로 투자자의 전문성과 투자 성향에 따라 투자할 수 있는 금액에 차등을 두고 있습니다.

크라우딩 펀딩 투자 한도

투자자	기준	투자 한도
일반투자자	–	한 기업에 최대 500만 원, 연간 최대 1,000만 원
적격투자자	• 금융소득종합과세 대상자 • 사업소득 + 근로소득이 1억 원 이상 • 최근 2년간 크라우드 펀딩을 5회 이상, 1,500만 원 이상 투자한 사람(2019년 12월 31일까지는 1,000만 원)	한 기업에 최대 1,000만 원, 연간 최대 2,000만 원
전문투자자	• 창투조합, KVF, 신기술조합, 개인투자조합 • 전문엔젤투자자, 적격엔젤투자자(투자실적 충족)	한 기업에 투자 제한 없음, 연간 투자 제한 없음

위 표와 같이 적격투자자와 전문투자자는 충분한 소득과 크라우드 펀딩을 포함한 투자 경험이 많기 때문에 전문성과 투자 위험 감수 능력을 감안해 투자 한도가 일반투자자보다 높습니다.

 잠깐만요 증권형 펀딩 용어 정리

- **엔젤 투자**: 개인이 초기 기업에 자신의 돈을 투자하고 주식을 받는 형태를 말합니다.

- **벤처캐피털**: 투자 전문가들이 남의 돈을 대신해 투자하는 집단을 말합니다.

- **이노비즈 인증기업**: '이노베이션(Innovation)'과 '비즈니스(Business)'의 합성어로, 정부에서 인증한 '기술혁신형 중소기업'입니다.

- **메인비즈기업**: 업무 수행 방식이나 조직 구조, 영업 활동 등의 혁신을 통한 경쟁력의 확보(또는 혁신을 통해 경쟁력을 확보해) 앞으로 성장할 가능성이 높은 중소기업입니다.

- **사회적 기업**: 사회적 목적과 영리를 동시에 추구하는 기업입니다.

🎴 주식

주식에는 이미 발행된 주식인 '구주'와 새롭게 발행하는 주식인 '신주'가 있습니다. 크라우드 펀딩은 신주를 발행해 대중에게 소액 투자를 받는 방식이기 때문에 신주를 발행하기 위해서는 정관을 수정해야 합니다. 주식 발행에도 여러 방법이 있지만 지금은 '보통주'와 '우선주'만 소개하겠습니다.

투자자 입장에서 보통주와 우선주의 가장 큰 차이는 '의결권'과 '배당 순서'입니다. 보통주는 국내 주식 거래의 대부분을 차지하기 때문에 거래량이 많고 우선주보다 비싸며 의결권을 행사할 수 있습니다. 우선주는 의결권이 없는 대신 보통주보다 먼저 배당받을 수 있습니다. 거래량이 많기 때문에 보통주 투자가 일반적이지만, 신생 기업에 투자할 때는 우선주 투자를 통해 먼저 배당받아 손실의 일부를 피할 수 있습니다. 주식을 발행해 크라우드 펀딩 투자를 받으려면 회사와 투자자의 입장을 종합적으로 고려해 보통주와 우선주 중 무엇을 발행할지 결정한 후 세세한 부분을 결정하면 됩니다.

🎴 채권

투자나 금융을 잘 모르더라도 크라우드 펀딩에 조금이라도 관심이 있는 사람이라면 '영화나 공연에 투자하면 수익을 얻을 수 있다.'라는 말은 들어보셨을 것입니다. '내가 좋아하는 영화에 투자할 수 있고 그 영화가 흥행한다면 나도 돈을 벌 수 있다.'라는 메시지는 초기 증권형 크라우드 펀딩이 시장에 안착하는 데 중요한 역할을 했죠. 물론 펀딩으로 제작한 영화가 정작 흥행에 실패해 손실을 입은 사례도 있지만, 흥행에 성공하는 사례가 등장하면서 증권형 펀딩의 대중화를 견인했습니다. 특히 애니메이션 <너의 이름은>의 경우, 41.2%의 투자 수익률로 애니메이션만큼이나 큰 화제가 됐습니다.

영화 〈너의 이름은〉 프로젝트(출처: 와디즈)

그럼 영화나 공연에 대한 투자는 어떻게 이뤄지는 것일까요? 그것은 바로 '채권'을 발행하는 것입니다. 채권은 정부나 공공단체, 기업 등에서 자금을 조달할 목적으로 발행하는 일종의 차용 증서입니다. 크라우드 펀딩으로 발행할 수 있는 채권에는 '일반회사채'와 '이익참가부사채'가 있습니다.

'일반회사채'는 '기본 금리'와 '추가 금리' 중 하나를 선택해 발행할 수 있는데, 기본 금리는 고정된 이자를 지급하는 것이고 추가 금리는 기본 금리에 약속한 이자를 추가해 지급하는 것입니다. 일반회사채로 발행된 〈너의 이름은〉의 경우, 10%의 기본 금리 제공을 약정했고 최종 관객 수에 따라 다음과 같이 추가 금리를 제공하는 조건이었습니다. 〈너의 이름은〉의 최종 관객 수는 376만 명으로, 투자자들은 기본 금리(10%)에 연이율 환산 기준 추가 금리(70%)를 추가로 받게 돼 높은 수익을 얻었습니다.

관객수	이율 (6개월 적용금리)	투자원금(단위: 원)		
		10만원	50만원	200만원
50만 미만	5%	105,000원	525,000원	2,100,000원
50-80만	10%	110,000원	550,000원	2,200,000원
80-100만	15%	115,000원	575,000원	2,300,000원
100-150만	20%	120,000원	600,000원	2,400,000원
150-200만	25%	125,000원	625,000원	2,500,000원
200-250만	30%	130,000원	650,000원	2,600,000원
250-300만	35%	135,000원	675,000원	2,700,000원
300-500만	40%	140,000원	700,000원	2,800,000원
500만 이상	50%	150,000원	750,000원	3,000,000원

* 위 금액은 세전 기준이며, 수령 시 이자소득세 15.4%가 발생합니다.
* 금융소득 종합과세대상자가 아닌 경우를 가정하여 산출한 수익입니다.

〈너의 이름은〉 투자 정보(출처: 와디즈)

이익참가부사채는 일반회사채와 비슷하지만, 기본 금리가 없는 대신 발생한 이익에 따라 수익을 이자의 형태로 지급해 투자자와 함께 나누는 형태의 채권입니다. 다음은 이익참가부사채로 발행된 뮤지컬 <캣츠>의 투자 조건입니다. 손익분기점은 약 9만여 명이 들었을 때이고 기본 금리 없이 유료 관객 수에 따라 투자 수익률이 증가합니다. 하지만 손익분기점을 넘지 못해 이익이 발생하지 않을 경우, 손실이 발생하니 조심해야 합니다.

○ **수익 예상표**					
유료 관객수 (명)	투자 수익률 (%)	10만원 투자 시	50만원 투자 시	100만원 투자 시	200만원 투자 시
...					
9만 5천	2.5%	102,500	512,500	1,025,000	2,050,000
10만	5.0%	105,000	525,000	1,050,000	2,100,000
10만 5천	8.0%	108,000	540,000	1,080,000	2,160,000
11만	11.0%	111,000	555,000	1,110,000	2,220,000
...					

〈캣츠〉 투자 정보(출처: 와디즈)

이런 채권 발행은 <너의 이름은>, <캣츠>, <그린플러그드>와 같은 문화 콘텐츠나 F&B 업종에 적합합니다. 즉, 대중의 직접 소비로 발생한 매출의 이익을 투자자와 나눌 수 있는 업종에 적합하죠. 그리고 일반회사채와 이익참가부사채는 발행 형태에 조금 차이가 있습니다.

일반회사채의 경우는 말 그대로 '회사'의 채권을 발행하지만, 이익참가부사채는 개별 '프로젝트' 단위로 발행합니다. 그런데 채권은 회사만 발행할 수 있기 때문에 프로젝트마다 채권을 발행할 회사가 필요합니다. 이때 프로젝트의 채권을 발행하기 위해 임시로 만드는 회사를 '*SPC(Special Purpose Company, 특수목적법인)'라고 합니다. 뮤지컬 <캣츠>도 SPC를 설립해 진행했기 때문에 <캣츠크라우드펀딩주식회사>라는 신기한 이름의 회사가 생긴 것입니다.

뮤지컬 〈캣츠〉 프로젝트(출처: 와디즈)

일반회사채와 이익참가부사채의 발행 방식에도 차이가 있습니다. 일반회사채는 회사 없이 발행할 수 없기 때문에 회사가 없는 개인이 일회성 프로젝트를 진행하기 위해 채권을 발행하려면 SPC를 설립해 이익참가부사채를 발행해야 합니다.

 잠깐만요   **SPC는 무엇인가요?**

SPC는 '특별한 목적을 달성하기 위해 일시적으로 설립하는 법인'으로, 일종의 '페이퍼 컴퍼니'입니다. 〈캣츠〉 프로젝트를 예로 들어보겠습니다. 캣츠 프로젝트의 법인명은 '캣츠크라우드펀딩주식회사'로, 뮤지컬 〈캣츠〉의 한국 공연을 위한 크라우드 펀딩 채권을 발행할 목적으로 일시적으로 설립한 법인입니다. 여기서 '캣츠크라우드펀딩주식회사'가 바로 SPC인 것이죠.

대출형 펀딩

몇 년 전부터 국내에서 'P2P 대출' 또는 'P2P 금융'이라는 단어가 뜨거운 감자였습니다. 'P2P'는 'Peer to Peer'의 줄임말로, 개인 대 개인 간 대출이 온라인으로 옮겨진 것이 지금의 P2P 대출입니다. 사실 이 P2P 대출이 크라우드 펀딩 중 하나라는 것을 모르는 사람이 많을 것입니다.

P2P 대출은 지금부터 소개할 대출형(Lending-based) 크라우드 펀딩으로, 자금이 필요한 개인에게 불특정 다수의 개인이 자신의 자금을 빌려주고 그 대가로 이자를 받는 방식의 크라우드 펀딩입니다. 대출형 크라우드 펀딩은 2005년, 해외에서 'Zopa'라는 서비스로 처음 시작됐고 또 다른 대출형 크라우드 펀딩 플랫폼인 '렌딩클럽(Lending Club)'이 뉴욕증권거래소에 상장되는 등 빠르게 성장하고 있는 분야입니다.

P2P 대출에 대한 이해를 돕기 위해 예를 들어 설명하겠습니다. 여러 가지 이유로 1금융권에서 대출을 받기 어려운 사람이 1,000만 원이 필요하다면 주변 지인에게 돈을 빌리거나 2, 3금융권에서 고금리로 대출합니다. 하지만 주변 지인에게 돈을 빌리는 것은 여의치 않고 20% 이상의 2, 3금융권 고금리 대출은 부담스러울 수밖에 없습니다. 이때 P2P 대출을 활용할 수 있는데요. P2P 대출 플랫폼에 필요한 자금의 액수와 상환 계획 등을 등록하면 P2P 대출 플랫폼을 통해 투자하려는 불특정 다수의 개인이 등록된 내용을 보고 돈을 빌려줍니다. 그리고 돈을 빌려준 개인은 원금과 9~12%의 이자를 지급받을 수 있죠.

간단히 정리하면, P2P 대출은 1금융권에서 대출을 받을 수 없는 사람은 20% 이상의 고금리 대신 10% 대의 금리로 돈을 빌릴 수 있고 돈을 빌려준 사람은 9~12%의 수익을 얻을 수 있는 것이죠. 이처럼 P2P 대출은 은행 이자율 이상의 투자 수익을 원하는 사람에게는 10%대의 투자수익률을 기대할 수 있도록 해주고 고금리 대출이 부담스러운 사람에게는 중금리의 시장을 열어준 것입니다.

💰 P2P 대출의 구조

P2P 대출은 대부업으로 분류되고 P2P 대출 플랫폼은 연계된 대부업체를 통해 대출을 진행합니다. P2P 대출 플랫폼에 대출 희망자가 대출을 의뢰하면 각 플랫폼은 저마다의 기준으로 대출 상환 능력을 평가합니다. 그리고 이를 바탕으로 대출 희망자와 대출 금액, 기간 등을 협의한 후 이를 플랫폼에 투자 상품으로 등록합니다. 투자자들은 플랫폼에서 분석한 평가 정보를 보고 투자를 진행합니다. 투자금이 목표에 도달하면 투자 상품의 모집은 종료되고 대출 희망자에게 대출이 실행됩니다.

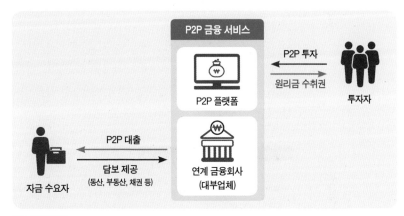

P2P 금융 구조도

P2P 대출이 개인 대 개인끼리 돈을 빌리고 갚는 것 같지만, 사실 돈이 필요한 사람은 P2P 서비스에서 돈을 빌리고 갚습니다. 좀 더 정확히 말하면, P2P 플랫폼에서는 신청만 받고 실제 돈은 P2P 플랫폼과 연계된 대부업체에서 나갑니다. 그렇기 때문에 P2P 플랫폼은 반드시 대부업체와 연계돼 있어야 합니다.

> 💰 **TIP**
>
> 투자자에게 지급하는 이자는 투자가 시작한 시점이 아닌 대출이 실행된 시점부터 계산됩니다.

이때 투자자가 알아둬야 하는 중요한 개념이 바로 '원리금수취권'이라는 것인데요. 원리금수취권의 사전적 의미는 '원금과 이자를 받을 수 있는 권리'입니다. 대부업체는 돈을 빌려줬기 때문에 당연히 원금과 이자를 받을 수 있는 '원리금수취권'이 생기죠. P2P 서비스는 이 권리를 투자자들에게 쪼개 판매하는 것입니다. 즉, '내가 돈 빌려주고 받을 것이 있는데, 이 권리를 너한테 팔게.'라고 이해하면 됩니다.

39

증권형 편딩의 경우 투자한 회사의 파산이나 손실 등의 이유로 투자금을 회수하지 못할 수 있습니다. 투자한 기업만이 유일한 위험 요소인 것이죠. 하지만 P2P 편딩의 경우에는 두 가지 위험 요소가 있습니다. 하나는 대출자가 원리금을 상환하지 않는 경우, 또 다른 하나는 투자한 플랫폼이나 연계된 대부업체가 파산했을 경우입니다. 이런 사태가 발생하면 투자금을 잃을 수 있기 때문에 꼭 신뢰할 수 있는 곳인지 확인한 후에 투자해야 합니다.

🎮 P2P 편딩에 안전하게 투자하는 방법 ①

대출형 편딩에 투자하고 싶지만, 믿을 만한 플랫폼을 찾기 힘들고 상품에 대해서도 잘 모르겠다면 '카카오페이'나 '토스'를 이용하는 것도 좋은 방법입니다. 카카오페이와 토스의 P2P 상품은 제휴를 맺은 P2P 업체로부터 제공받는 투자 상품으로, 많은 사람이 이용하는 대형 서비스인 만큼 이 두 곳에서 제공하는 투자 상품은 어느 정도 검증됐다고 볼 수 있습니다.

카카오페이와 토스의 투자 정보

P2P 펀딩에 안전하게 투자하는 방법 ②

과도한 수익률을 제공하는 투자 상품은 우선 경계하는 것이 좋습니다. 20% 이상의 높은 수익을 약속하는 투자 상품은 당장 높은 수익률을 기대할 수 있을 것 같지만, 이는 곧 투자금 상환을 담보하기 어렵다는 뜻일 수 있습니다. 즉, 수익률이 높을수록 위험도가 높고 수익률이 낮을수록 위험도가 낮다는 의미이므로 P2P 평균 수익률인 8~10%대 투자 상품을 선택하는 것을 추천합니다.

P2P 펀딩에 안전하게 투자하는 방법 ③

 TIP

2020년 10월 말을 기준으로 평균 연체율은 9.48%입니다.

투자하려는 플랫폼이 믿을 수 있는 곳인지 확인하고 싶다면 P2P 관련 인터넷 카페 등의 커뮤니티를 통해 종합적으로 판단하는 것이 좋습니다. 또한 각 플랫폼마다 자율적으로 공시하는 자료를 참고할 수도 있습니다. 하지만 이때는 연체율만 살펴볼 것이 아니라 관련된 업체의 연체율 관리 상태도 함께 체크해보는 것이 중요합니다. 예를 들어 연체율이 0%로 안정적이라 생각할 수 있지만, 취급 상품의 거래량이 적어 연체율이 0%이거나 연체율은 10% 이상이지만 취급하는 상품이 많다면 위험을 잘 관리하고 있다고 추측할 수 있습니다.

CROWD FUNDING

03

크라우드 펀딩
플랫폼 살펴보기

국내외에는 생각보다 많은 크라우드 펀딩 플랫폼이 있습니다. 플랫폼마다 성향과 정책이 조금씩 다르기 때문에 진행하고자 하는 프로젝트에 적합한 플랫폼을 선택해 알맞은 전략을 세워야 성과를 극대화할 수 있습니다. 이번에는 국내와 해외의 다양한 크라우드 펀딩 플랫폼을 소개하고, 많은 분이 궁금해하는 수수료까지도 알아보겠습니다.

와디즈

와디즈는 국내를 대표하는 크라우드 펀딩 플랫폼으로, 초기에는 공익과 테크 카테고리에 집중됐지만, 지금은 패션, 영화, 푸드, 라이프스타일 등 그 범위가 계속 확장되고 있습니다. 보상형 펀딩으로 출발해 2016년 첫 증권형 펀딩 인가 플랫폼 중 하나로 선정되면서 보상형 펀딩과 증권형 펀딩 모두 가능합니다.

와디즈는 보상형 펀딩 중 15억 원을 펀딩받은 4만 원 대 캐리어 '샤플'과 20억 원을 펀딩받은 가성비 좋은 20만 원 대 노트북 '베이직스'가 유명하죠. 특히 베이직스는 펀딩 당시 국내 크라우드 펀딩 역사상 가장 많은 금액을 펀딩받아 큰 화제가 됐습니다.

샤플 프로젝트(출처: 와디즈)

베이직북 14 프로젝트(출처: 와디즈)

증권형 펀딩의 경우, 와디즈에 등록된 2019년 상반기 91건의 프로젝트 중 44건이 목표 금액을 달성하면서 국내 전체 증권형 펀딩 중 50%의 점유율을 차지해 압도적인 강세를 유지하고 있으며, 영화 투자를 시작으로 최근에는 레저, 게임 등으로 분야를 확장하고 있습니다. 예를 들어 <너의 이름은>과 <노무현입니다> 등은 성공적으로 펀딩받으며 화제가 되기도 했습니다.

와디즈는 '오픈 예정'과 '데이터 플러스'라는 부가 서비스를 제공합니다. 부가 서비스는 프로젝트를 등록할 때 추가로 선택할 수 있는 서비스입니다. 오픈 예

TIP

얼리버드 리워드에 대한
자세한 내용은 136쪽을
참고하세요.

정 서비스는 프로젝트 시작 전 7~15일 동안 프로젝트를 미리 공개하는 서비스로, 잠재 후원자들은 알림 신청을 할 수 있습니다. 알림 신청을 한 후원자들에게 프로젝트 오픈 2시간 전, 오픈 직후 2번의 알림 문자가 자동으로 발송됩니다.

'알림 신청'과 '오픈 알림' 서비스(출처: 와디즈)

오픈 예정 서비스는 가능한 한 이용하는 것을 권장합니다. 크라우드 펀딩은 프로젝트 등록 후 첫 3일간의 펀딩 금액이 전체 펀딩액의 30~50%를 차지하기 때문에 초반 3일간 몇 명이 펀딩할지 예측하는 것이 중요합니다. 하지만 프로젝트 오픈 전에는 알 수 없기 때문에 성공 가능성을 점치기 어려운데요. 이때 오픈 예정 서비스를 이용하면 알림을 신청한 잠재 후원자 수를 확인할 수 있기 때문에 초반에 몇 명이 펀딩에 참여할지 예측할 수 있습니다. 와디즈에 따르면, 알림 신청자의 62%가 초반 3일에 펀딩하며, 이때의 펀딩액이 전체 펀딩액의 약 30%를 차지한다고 합니다. 이 데이터를 활용하면 마케팅 목표와 목표 금액 등을 설정하는 데에도 많은 도움이 됩니다. 오픈 예정 서비스를 전략적으로 활용하는 방법은 뒷부분에서 좀 더 자세히 다루겠습니다.

오픈 예정 서비스가 프로젝트 시작 전에 활용할 수 있는 서비스라면, 데이터 플러스는 프로젝트 시작 이후에 활용할 수 있는 서비스입니다. 데이터 플러스 서비스는 프로젝트의 확인 경로나 프로젝트 확인에 할애한 시간 등과 같이 마케팅에 활용할 수 있는 다양한 데이터를 제공합니다. 데이터 플러스 서비스를 통해 마케팅 전략을 수립하거나 성과를 확인하고 싶을 때 추천하는 부가 서비스입니다. 현재(2020년 12월)는 시범 운영 중으로 무료로 사용할 수 있지만, 곧 2%의 추가 수수료를 부과할 예정입니다.

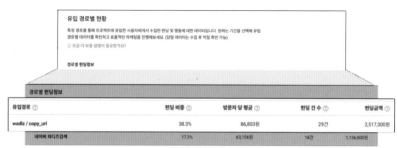

데이터 플러스 서비스(출처: 와디즈)

🔩 와디즈 살펴보기

- **홈페이지**: www.wadiz.kr
- **형태**: 보상형 / 증권형
- **키워드**: 투자, 테크, 직장인 남성
- **카테고리**: 테크·가전, 패션·잡화, 뷰티, 푸드, 홈리빙, 디자인소품, 여행·레저, 스포츠·모빌리티, 반려동물, 모임, 공연·컬처, 소셜·캠페인, 교육·키즈, 게임·취미, 출판, 기부·후원
- **수수료**

구분		내용
수수료 (VAT 별도)	기본 수수료	9.4%(기본 수수료 7% + 결제 수수료 2.4%)
	부가 서비스	• 오픈 예정: 기본 수수료 + 3% • 데이터 플러스: 기본 수수료 + 2% (무료, 시범 운영 중)
정산 방법	펀딩 금액이 1,000만 원 이하인 경우	1차에 100% 지급
	펀딩 금액이 1,000만 원 이상인 경우	1차 80% 지급, 리워드 발송 확인 후 20% 지급
정산		• 정산금 신청: 6~10영업일 내 정산금 신청 안내 매일 발송 • 정산: 정산금 신청에 이상 없을 시 2~5영업일 내 정산(매주 화, 목 정산)

텀블벅

창작 프로젝트나 디자인 제품과 같이 감성적인 프로젝트라면 '텀블벅'을 추천합니다. 텀블벅은 국내의 대표적인 보상형 크라우드 펀딩 플랫폼이고 설립 취지도 '창작가 지원'인 만큼 창작 기반의 프로젝트가 많습니다.

다른 플랫폼에 비해 정체성이 뚜렷한 텀블벅은 와디즈와 함께 많은 이용자가 찾는 대표적인 보상형 펀딩 플랫폼입니다. 초기에는 독립 영화나 웹툰 프로젝트가 많았고 점차 창작, 문화, 예술 등으로 범위를 확장했습니다. 주로 감성적으로 소구할 수 있는 프로젝트가 많으며 창의적인 시도가 많아 구경하는 재미가 쏠쏠합니다. 홈페이지의 메인에 노출된 프로젝트만 보더라도 텀블벅이 어떤 성격의 플랫폼인지 쉽게 알 수 있습니다.

텀블벅 펀딩 성공 사례(출처: 텀블벅)

텀블벅에는 게임, 만화, 미술, 디자인 등 다양한 창작 카테고리가 있습니다. 그중 게임 카테고리에서는 <던전즈 & 드래곤즈> 보드게임 프로젝트가 약 4억 4,000만 원의 후원금을 모았으며, 출판의 경우 <부기영화>가 약 2억 3,000여만 원을 모았습니다. 이처럼 텀블벅은 카테고리부터 다른 크라우드 펀딩 플랫폼과 차이를 두고 있으며, 창작 프로젝트가 많은 후원금을 모으고 있습니다.

텀블벅은 창작 프로젝트가 많은 만큼 후원자 또한 창작 프로젝트에 관심 있는 사람들이 많이 모여 있습니다. 주로 감성적이고 트렌디한 성향의 아기자기한 소품류의 프로젝트가 많으며 단순히 리워드를 선구매하는 느낌보다 창작가나 프로젝트를 지원하는 경향이 있습니다. 이런 성향 덕분에 책임의식이 강한 개인이 프로젝트를 진행할 때 많은 공감을 얻을 수 있습니다.

텀블벅 살펴보기

- **주소**: www.tumblbug.com
- **형태**: 보상형
- **키워드**: 창작, 2030, 여성, 콘텐츠, 소품, 개인
- **카테고리**: 게임, 공연, 디자인, 만화, 미술, 공연, 사진, 영화·비디오, 푸드, 음악, 출판, 테크놀로지, 패션
- **수수료**

구분	내용
수수료(VAT 별도)	8%(기본 수수료 5% + 결제 수수료 3%)
결제 방식	펀딩 종료 다음 날 오전 결제 (결제 실패자에 한해 펀딩 종료일로부터 7일간 매일 오전 재결제)
정산	결제 종료일로부터 7영업일 후 등록된 계좌로 입금

크라우디

리워드형과 증권형을 모두 고민하는 스타트업이라면 크라우디도 좋은 선택입니다. 블록체인 프로젝트도 진행할 만큼 프로젝트의 범위가 넓습니다.

'오즈마 그룹'은 이스라엘의 글로벌 벤처 투자 회사입니다. 갑자기 오즈마 그룹 이야기를 꺼내는 이유는 '크라우디'가 바로 오즈마 그룹의 계열사이기 때문입니다. 초기에는 국내 온라인 소액 투자 중개업 인가를 받은 '더불어 플랫폼'을 계열사에 편입시켜 '와이크라우디'라는 이름으로 서비스를 시작했고 이후 지금의 이름인 크라우디로 서비스를 지속하고 있습니다.

크라우디는 증권형 펀딩과 보상형 펀딩 모두를 서비스합니다. 글로벌 벤처 투자 회사의 계열사인 만큼 증권형 펀딩 서비스를 하는 것은 당연하겠죠. 크라우디의 대표적인 프로젝트로는 증권형 펀딩으로 진행한 '제주맥주' 프로젝트가 있습니다. 수제 맥주의 인기와 제주맥주의 브랜드 파워로 당시 최대 금액인 7억 원을 달성한 프로젝트입니다. 지금도 '스타트업 명품관'이라는 슬로건 아래 좋은 스타트업을 발굴하고 소개하는 역할을 하고 있습니다.

제주맥주 프로젝트(출처: 크라우디)

49

크라우디에서는 와디즈의 오픈 예정과 비슷한 '사전 공개'라는 부가 서비스를 제공합니다. 사전 공개의 목적은 프로젝트 시작 전 후원자를 미리 모아 펀딩을 독려하는 것입니다.

🎛 크라우디 살펴보기

- **홈페이지**: www.ycrowdy.com
- **형태**: 보상형 / 증권형
- **키워드**: 스타트업, 기술
- **카테고리**: 카테고리 없이 리워드(보상형), 투자(증권형)로 구분해 운영
- **수수료**

구분		내용
수수료 (VAT 별도)	100% 이상	8%(기본 수수료 5%+ 결제 수수료 3%)
	조건 없음 (목표 금액과 관계없이 무조건 정산)	13%(기본 수수료 10% + 결제 수수료 3%)
결제 방식		예약 결제: 펀딩 마감 다음 날 오전(결제 실패자에 한해 마감일로부터 7일간 매일 오전 재결제)
정산		펀딩 종료 후 최대 10영업일 이내에 정산

오마이컴퍼니

사회적 기업이라면 오마이컴퍼니를 고려하는 것도 좋은 방법입니다. 오마이컴퍼니는 한국사회적기업진흥원, 동그라미 재단 등과 파트너십을 맺고 다양한 사회적 기업의 프로젝트를 진행하고 있습니다.

화려하진 않지만 독자적인 영역에서 꾸준히 성장해온 '오마이컴퍼니'는 사회적 기업 중심의 크라우드 펀딩 플랫폼입니다. 사회적 기업이나 사회적 가치를 주제로 서비스를 제공하기 때문에 이용자는 착한 기업에 후원하는 것을 넘어 투자를 할 수도 있습니다. 오마이컴퍼니는 보상형 펀딩과 증권형 펀딩을 모두 서비스하며 기존의 기부와 같은 전통적인 방식에서 벗어나 사회적 가치를 실현할 수 있도록 문화, 예술, 제품 등의 다양한 카테고리를 운영하고 있습니다.

오마이컴퍼니 펀딩 성공 사례(출처: 오마이컴퍼니)

오마이컴퍼니의 대표적인 프로젝트로는 세월호 참사를 기억하기 위한 '기억팔찌 캠페인'이 있습니다. 세월호 참사를 잊지 않겠다는 의미로 만들어진 노란색 기억팔찌를 리워드로 제공하며 운영비, 제작비 등을 제외한 모든 후원금은 기억팔찌를 제작하고 나누는 데 사용합니다. 기억팔찌 프로젝트는 일회성에 그치지 않고 매년 꾸준히 진행하고 있는 장기 프로젝트입니다.

🎥 오마이컴퍼니 살펴보기

- **홈페이지**: www.ohmycompany.com
- **형태**: 보상형 / 증권형
- **키워드**: 사회적 기업, 소셜 벤처, 사회 이슈
- **카테고리**: 공간·리빙, 사회 이슈, 교육·출판, 문화 예술, 지역 재생, 푸드, 테크, 뷰티·패션, 여행
- **수수료**

구분		내용
수수료 (VAT 별도)	무조건 리워드	기본 수수료 7% + 결제 수수료 * 결제 수수료: 카드 2.9% / 가상계좌 300원(건) / 계좌이체 1.8%
	성공해야 리워드	기본 수수료 5% + 결제 수수료 2.9%
결제 방식	무조건 리워드	바로 결제
	성공해야 리워드	예약 결제 (프로젝트 종료일에 목표 달성 시 바로 결제)
정산	무조건 리워드	프로젝트 종료일 이후 4~7일
	성공해야 리워드	프로젝트 종료일 이후 7~10일(매주 화, 목 정산)

해피빈

'네이버'의 '해피빈'에서는 '공감펀딩'이라는 크라우드 펀딩 서비스를 운영하고 있습니다. 만약 네이버에서 진행하는 크라우드 펀딩을 본 적이 있다면 그 프로젝트는 '공감펀딩'입니다. 초기에는 사회적 기업, 협동조합, 비영리 단체의 지원을 목적으로 운영했지만 지금은 창작자, 소상공인까지 범위를 넓혔습니다.

 TIP

'Corporate Social Responsibility'의 약자로, '기업의 사회적 책임'을 말하며, CSR 캠페인은 기업이 사회적 책임을 다하기 위해 진행하는 공익 캠페인의 일종입니다.

 TIP

해피로그 가입 조건이나 가입 방법을 확인하려면 해피빈 페이지(https://happybean.naver.com)의 아래에 있는 [제휴·단체 안내] – [해피로그 가입]을 선택하면 됩니다.

'해피빈'은 '네이버'의 공익 플랫폼으로, 네이버 서비스 중 하나라고 생각하는 사람이 많지만, 해피빈은 별도의 비영리 재단법인입니다. 해피빈에는 *CSR 캠페인, 자원봉사 등의 다양한 공익 서비스뿐 아니라 '기부', '펀딩'과 같은 크라우드 펀딩으로 운영되는 카테고리도 있습니다. 여기서는 해피빈의 서비스 중 기부와 펀딩의 카테고리만 소개하겠습니다.

시작하기 전, 이해를 돕기 위해 몇 가지 용어를 알아보겠습니다. 해피빈의 기부는 해피빈에 등록된 '해피로그'가 '모금함'을 만들어 기부를 받을 수 있는 기부형 크라우드 펀딩입니다. 해피빈에 등록한 비영리단체를 '해피로그'라 하고 각각의 해피로그가 만든 프로젝트를 '모금함'이라고 합니다. 모금함은 비영리단체, 그중에서도 등록 조건을 충족해 해피빈에 등록한 해피로그만 생성할 수 있으며 개인은 모금함을 생성할 수 없습니다. 후원자는 이렇게 생성된 모금함에 돈이나 '콩'이라는 기부 아이템으로 직접 기부할 수 있습니다. 콩으로 기부한 금액은 기부금 영수증이 발급되지 않으며 콩 외에 현금이나 네이버페이 포인트로도 기부할 수 있습니다.

콩은 해피빈에서만 사용할 수 있는 기부 아이템으로, 콩 하나당 100원의 가치가 있습니다. 네이버 블로그나 카페 등에 글을 작성하거나 '지식in'에 댓글을 달면 받을 수 있죠. 마치 온라인 쇼핑몰의 포인트 같지만, 쇼핑 등 다른 활동에는 사용할 수 없고 오직 기부에만 사용할 수 있습니다. 보유한 콩을 기부 크라우드 펀딩 프로젝트에 사용하면 해피빈에서 해당 프로젝트 진행자에게 대신 기부합니다.

해피빈 '펀딩' 카테고리에서는 보상형 펀딩을 운영합니다. 2019년 MBC에서 방영된 '같이펀딩'이 해피빈 펀딩과 함께 진행하면서 많은 사람이 방문했습니다. 사실 해피빈에 프로젝트를 개설할 수만 있다면 다른 플랫폼보다 추천합니다. 프로젝트 성공 시 내야 하는 수수료도 없고 결제 수수료와 배송비 모두 해피빈에서 지원하기 때문에 해피빈에 등록할 수만 있다면 최고의 조건입니다.

MBC에서 방영된 '같이펀딩'(출처: 해피빈)

크라우드 펀딩 시 가장 고민되는 부분 중 하나가 마케팅인데요. 해피빈에서 진행하면 마케팅 걱정도 해소됩니다. 네이버 메인에는 주제별로 콘텐츠를 제공하는 '판'이라는 영역이 있습니다. 다양한 주제의 판이 있지만 '함께N' 판은 해피빈에서 펀딩 중인 프로젝트가 노출되는 영역입니다. 내 프로젝트가 이 영역에 노출되기 때문에 마케팅 걱정은 하지 않아도 됩니다.

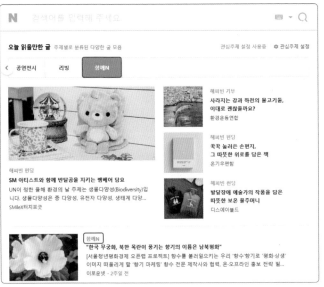

네이버의 '함께N'판(출처: 네이버)

이렇게 조건이 좋은 만큼 입점 대상에 제한이 있습니다. 해피빈이 공익 플랫폼이므로 사회적 기업 또는 공인 단체 등이 입점할 수 있으며, 개설 기준에 '단순히 개인 / 단체의 영리만을 목적으로 하는 경우 개설이 불가합니다.'라는 조건이 있으므로 영리 목적보다는 사회 기여 성격의 프로젝트여야 합니다.

해피빈 살펴보기

- **홈페이지**: https://happybean.naver.com
- **형태**: 보상형 / 기부형
- **키워드**: 사회적 기업, 소셜 벤처, 비영리, 협동조합
- **카테고리**: 공익 나눔, 대안 상생, 미디어 창작
- **수수료**

구분	내용
수수료(VAT 별도)	수수료 없음
결제 방식	예약 결제(프로젝트 종료일에 목표 달성 시 바로 결제)
정산	후원 종료 후 30일 내

킥스타터

킥스타터의 창업자는 모두 창작가로, 창작가를 위해 만들어진 크라우드 펀딩 플랫폼입니다. 현재 전 세계에서 가장 크고 영향력 있는 크라우드 펀딩 플랫폼입니다.

킥스타터는 지금의 크라우드 펀딩을 개척한 플랫폼이자 현재 전 세계에서 가장 유명한 크라우드 펀딩 플랫폼 중 하나입니다. 외국 플랫폼이지만 얼리어답터라면 한 번쯤은 들어봤을 정도로 국내에도 많이 알려진 플랫폼입니다.

킥스타터와 다른 크라우드 펀딩 플랫폼과의 가장 큰 차이점은 '창조적 시도'입니다. 킥스타터는 찰스 아들러(Charles Adler), 페리 첸(Perry Chen), 얀시 스트리클러(Yancey Strickler)라는 세 명의 창작가가 만든 플랫폼으로, 창업가들의 DNA에 따라 주로 창작 분야의 프로젝트가 올라옵니다. 하지만 지금의 킥스타터를 만들고 또 가장 큰 수입을 얻는 분야는 '테크'입니다. 창업가들의 DNA 덕분인지 단순히 신기한 제품이나 정식 출시 전 저렴한 가격으로 등록되는 프로젝트보다는 창조적인 시도가 느껴지는 프로젝트를 좀 더 적극적으로 지원합니다.

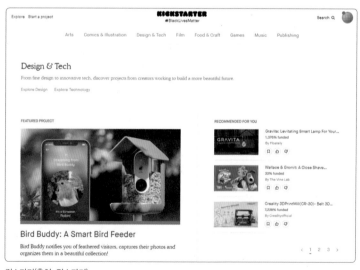

킥스타터(출처: 킥스타터)

페블 워치(출처: 킥스타터)

킥스타터는 등록할 수 있는 18개 나라의 18세 이상이라면 누구나 프로젝트를 진행할 수 있습니다. 아쉽게도 한국은 등록할 수 없기 때문에 미국 내 현지 주소가 있는 회사의 도움을 받아야 합니다. 하지만 2016년부터 신원 확인이 강화돼 주소와 함께 한국의 주민등록번호와 같은 사회 보장 번호를 제시해야 하며 만약 법적인 문제가 발생했을 경우 사회 보장 번호를 제공한 사람에게 법적 책임을 묻는 경우가 발생할 수 있으므로 주의해야 합니다.

킥스타터 성공 사례, '페블 워치'

전 세계 사람에게 크라우드 펀딩이라는 단어를 각인시킨 프로젝트이자, 크라우드 펀딩을 소개할 때 가장 대표적으로 꼽는 사례는 '페블 워치'입니다. '페블'은 현재 스마트 워치의 원조 격인 제품입니다. 창업자인 미기코브스키는 대학생이던 때 '자전거를 타면서 전화를 받을 수 없을까?'라는 생각을 합니다. 자전거를 타는 동안 문자나 이메일이 오면 자전거를 세운 후에 확인하거나 위험하게 확인할 수밖에 없었기 때문에 중요한 내용인지 살짝 확인만 할 수 있어도 좋겠다는 생각을 하게 됐죠. 이미 유사한 제품들이 있었지만 가격대가 매우 높았습니다.

미기코브스키는 창업 대회 상금, 자신의 돈과 부모님의 돈을 빌려 1만 5,000달러를 마련한 후 '인펄스'라는 시제품을 제작했습니다. 인펄스의 핵심 팬층은 생겼지만 블랙베리에서만 사용할 수 있었기 때문에 대중성을 확보하지는 못했습니다. 핵심 팬층을 통해 가능성을 본 미기코브스키는 'Y콤비네이터'라는 벤처캐피털을 통해 인펄스의 업데이트를 위한 종잣돈을 만들 수 있었습니다. 이렇게 업데이트된 제품이 바로 '페블'입니다. 페블은 아이폰과 안드로이드 모두에서 훌륭하게 작동했습니다. 하지만 페블을 완성하기 위해선 20만 달러가 추가로 필요했습니다. 미기코브스키는 벤처캐피털을 찾아갔지만 모두 투자를 거절했고 마지막으로 킥스타터에 도전해보기로 했습니다.

미기코브스키는 팀원을 모아 수백 개의 크라우드 펀딩 프로젝트를 분석해 전략을 세웠습니다. 실제로 필요한 금액은 20만 달러였지만 목표 금액을 10만 달러로 설정했습니다. 만약 20만 달러에 미치지 못하면 어차피 제작할 수 없기 때문에 모두 환불할 생각으로 설정한 금액이었죠. 그리고 페블의 핵심 가치를 잘 소개하는 홍보 영상을 만들었습니다.

또한 크라우드 펀딩 프로젝트는 오픈 직후가 가장 중요했기에 기술 블로그인 'Engadget'을 섭외했습니다. 드디어 프로젝트가 오픈되고 Engadget에도 기사가 게시됐습니다. 그리고 2시간만에 10만 달러를 달성했고 다시 2시간 후에는 20만 달러를 달성했습니다. 100만 달러를 모으는 데 28시간밖에 걸리지 않았습니다. 프로젝트가 마감됐을 때는 6만 8,929명의 후원자로부터 약 1,026만 달러를 모았고 이후 벤처 캐피털로부터도 가능성을 인정받아 후속 투자도 유치할 수 있었습니다.

킥스타터 살펴보기

- **홈페이지**: www.kickstater.com
- **형태**: 보상형
- **키워드**: 글로벌, 창작, 예술, 테크
- **카테고리**: 예술, 만화·일러스트, 디자인·테크, 영화, 음식·공예, 게임, 음악, 출판
- **수수료**

구분	내용
운영 수수료	총 모금액의 5%
결제 수수료	후원 금액당 3% + 0.20달러 * 10달러 이하는 후원 금액당 5% +0.05달러
결제 방식	예약 결제(프로젝트 종료일에 목표 달성 시 바로 결제)
정산일	프로젝트 마감 후 약 14일 이후 정산

잠깐만요 같은 프로젝트는 금지!

크라우드 펀딩은 세상에 없던 뭔가가 대중의 참여를 통해 세상으로 나오는 것입니다. 그렇기 때문에 이미 판매 중이거나 크라우드 펀딩 플랫폼만 옮겨 펀딩받는 것은 크라우드 펀딩의 취지에도 맞지 않고 후원자들도 좋아하지 않겠죠. 이는 국내뿐 아니라 해외도 마찬가지입니다. 정부 지원 사업의 심사 중 국내에서 크라우드 펀딩을 받은 후 킥스타터를 통해서도 펀딩을 받겠다는 계획을 발표하는 사례도 있습니다. 하지만 아쉽게도 똑같은 프로젝트를 진행하는 것은 금지됩니다. 실제로 한 고속충전기 프로젝트가 국내에서 펀딩받은 후 킥스타터에 등록 신청을 했는데 '똑같은 프로젝트는 금지'라는 피드백을 받아 프로젝트가 아예 비노출 처리된 경우도 있었습니다. 그러니 이미 펀딩을 받은 프로젝트라면 기존 프로젝트를 업그레이드하거나 다른 버전으로 진행하는 것을 추천하고 꼭 하나의 프로젝트여야 한다면 해외에서 먼저 펀딩한 후 국내에서 진행하는 것을 추천합니다.

CROWD FUNDING

04

왜 크라우드
펀딩인가?

최근 크라우드 펀딩을 통해 억대의 큰 금액을 펀딩받는 사례가 종종 등장하면서 창작가나 스타트업 사이에서 인기가 높아지고 있습니다. 하지만 정작 크라우드 펀딩을 접해본 사람들에게 장점을 물어보면 각기 다른 대답을 합니다. 어떤 사람은 크라우드 펀딩을 통해 돈을 벌었다고 하고 또 어떤 사람은 홍보에 도움이 됐다고 하기도 하죠. 또 어떤 사람은 크라우드 펀딩을 통해 자신의 꿈을 이뤘다고 하는 경우도 있습니다. 이렇게 각자 다른 대답을 하는 이유는 저마다 크라우드 펀딩을 하는 목적과 환경이 다르기 때문입니다. 이번에는 크라우드 펀딩을 통해 얻을 수 있는 공통적인 기대 효과에는 무엇이 있는지, 왜 크라우드 펀딩을 해야 하는지를 알아보겠습니다.

자금 확보

크라우드 펀딩의 가장 본질적인 목적은 자금을 조달하는 것입니다. 이번에는 크라우드 펀딩을 통해 어떻게 자금을 조달할 수 있는지 알아보겠습니다.

번뜩이는 아이디어를 실현하고자 할 때 가장 큰 장애물은 바로 '자금'일 것입니다. 물론 보유한 자금이 충분하다면 좋겠지만, 개인이나 이제 막 시작하는 작은 규모의 스타트업은 항상 자금이 부족하죠. 그렇기 때문에 외부에서 투자를 받거나 대출을 받아 부족한 자금을 조달해야 하지만, 개인이나 스타트업이 아이디어만으로 자금을 조달받는 것은 결코 쉬운 일이 아닙니다.

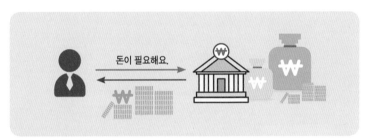

전통적으로 자금을 빌렸던 방식

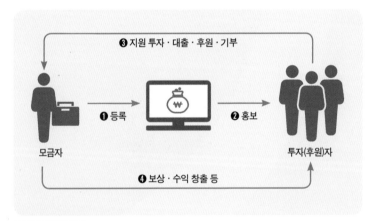

크라우드 펀딩의 원리

62

바로 이런 상황에서 크라우드 펀딩은 은행과 같은 전통적인 금융기관의 대안으로 새로운 자금 조달 창구의 역할을 합니다. 그리고 크라우드 펀딩을 통한 자금 조달은 크게 개발비와 생산비로 나눠볼 수 있습니다.

개발비

개발비는 영화, 음악 앨범, 게임처럼 완성 자체가 중요한 하나의 콘텐츠 또는 제품을 개발하는 비용을 의미합니다. 영화나 게임은 개발은 하나의 작품이 완성될 때까지 많은 개발 단계를 거치기 때문에 제작 기간도 길고 필요한 자금도 많습니다.

기획	프리 프로덕션	촬영	후반작업	개봉
(Development)	(Pre-production)	(Principal Photography)	(Post-Production)	(Release)
· 시나리오 개발 · 감독/제작 스탭 선정 · 투자/배급 결정	· 캐스팅 · 장소 헌팅	· 촬영	· 편집 · CG 작업 · 녹음/사운드 믹싱	

이렇게 콘텐츠를 완성하는 데 많은 개발비가 필요한 경우, 모든 자금을 크라우드 펀딩으로 조달하기에는 현실적으로 어려움이 있습니다. 그리고 개발 초기 단계에서 펀딩하게 되면 예상할 수 있는 최종 결과물을 보여주기 어렵기 때문에 무사히 완성될 것이라는 신뢰를 주기 어렵습니다.

그럼 개발비에 해당하는 자금은 어떻게 펀딩을 받는 것이 효과적일까요? 개발 단계마다 펀딩을 나눠 받거나 예상할 수 있는 최종 결과물을 보여줄 수 있을 때 펀딩을 받는 것이 좋습니다. 예를 들어 영화나 영상은 시나리오 북을 제작하는 펀딩을 하거나 제작의 마지막 단계인 후반 작업비를 목적으로 펀딩할 수 있고, 게임은 직접 체험해볼 수 있는 데모 버전이 나왔을 때 펀딩할 수 있습니다. 후원자에게 완성에 대한 신뢰를 줄 수 있을 뿐 아니라 모든 제작비를 조달하는 것이 아니기 때문에 부담을 덜 수 있습니다.

앞서 소개했던 알렉산더 포프의 《일리아스》 번역 작업이나 자유의 여신상 건립을 생각하면 이해하기 쉬울 것입니다. 그리고 또 다른 사례로는 '온리 콤판(Onrie Kompan)'의 '*그래픽 노블'이 있습니다.

미국 시카고 출신의 만화가이자 온리 프로덕션 프로듀서인 온리 콤판은 우연히 한국의 드라마 〈불멸의 이순신〉을 본 후 이순신이라는 인물에 깊이 매료됩니다. 그리고 이후 3년간 《난중일기》, 《징비록》 등을 읽으며 이순신을 공부해 〈이순신 그래픽 노블〉 3부작을 기획합니다. 그리고 출간한 첫 시리즈인 《이순신 전사 & 수호자(Yi Soon Shin Warrior and Defender)》는 5년간 4만 부가 판매될 정도로 인기를 끌었지만, 후원자의 사정으로 급작스럽게 금전적 지원이 중단되고 맙니다. 그래픽 노블 장르의 특성상 많은 제작비가 투입되기 때문에 이후의 제작이 불투명해져 버렸죠.

이런 상황에서 콤판은 이순신 시리즈를 완결하기 위해 크라우드 펀딩을 통해 자금을 모으기로 했고 국내 크라우드 펀딩 플랫폼 중 하나인 텀블벅을 통해 442명의 후원자로부터 약 1,900만 원을 펀딩받아 제작을 이어나갈 수 있었습니다.

온리 콤판의 이순신(출처: yisoonshin.com/the-series/)

🏭 생산비

생산비는 주로 판매를 목적으로 한 대량 생산에 필요한 비용을 의미합니다. 제품 제작의 목적이 선물이나 개인 소장이라면 제작 비용이 문제가 되진 않습니다. 보유한 자금만큼 또는 필요한 만큼만 소량 제작하면 되니까요. 하지만 많은 사람에게 판매할 목적으로 제품을 생산하는 것이라면 생각보다 많은 자금이 필요할 것입니다. 제품 제작이 처음이라면 단순히 '우선 보유한 자금만큼만 생산하면 되지 않을까?'라고 생각할 수도 있지만, 판매를 목적으로 제품을 대량 생산하려면 동일한 규격의 제품을 생산하기 위해 설계해야 하고 공장을 가동하기 위해서는 공장 가동 시에 발생하는 비용 등을 고려해 최소한의 수량을 주문해야만 합니다. 이 최소한의 주문 수량을 최소주문량(MOQ, Minimum Order Quantity)이라 하며 대량의 제품을 생산하기 위해서는 공장의 최소주문량만큼의 자금이 필요한 것입니다.

연구개발 단계	디자인 → 기구 설계 → 회로 개발 → 시제품 제작 → 제품 제작 단계	금형 → 사출 → 포장 양산 제작 단계

제품 개발 프로세스

크라우드 펀딩은 제품 개발 프로세스 중 양산(대량 생산) 단계에서 많이 활용됩니다. 실제로 많은 자금이 필요한 단계이기도 하지만, 비교적 적은 자금으로 제작된 시제품을 통해 신뢰할 수 있고 더욱 매력 있는 펀딩 콘텐츠를 제작할 수 있기 때문입니다. 또한 펀딩에 성공하면 양산에 필요한 자금 부담을 줄일 수 있기 때문에 자금의 유동성도 확보할 수 있습니다.

이처럼 크라우드 펀딩은 제품 개발 프로세스 중 특히 시제품의 양산 단계에서 많이 활용됩니다. 비싼 양산 자금을 투입하기 전 제품이 시장에서 성공할 수 있을지 시제품만으로 판단할 수 있고, 펀딩이 성공한다면 자금의 유동성도 확보할 수 있기 때문입니다. 이런 장점을 살리기 위한 다양한 활용법이 있는데요. 구체적인 활용법은 뒤에서 더 알아보기로 하고, 일단은 크라우드 펀딩을 통해 양산 자금의 전부 또는 일부를 충당할 수 있고, 이로 인해 자금의 유동성과 수요 예측에 효과가 있다고 생각하면 됩니다.

수요 예측

아직 시장에 나오지 않은 제품이나 콘텐츠, 프로젝트를 공개하고 자금을 조달하기 때문에 수요를 알수 있습니다. 이런 수요 예측, 확인 효과를 어떻게 활용할 수 있는지 사례를 통해 알아보겠습니다.

사업이 실패하는 이유는 제각각이겠지만 그중 가장 흔한 이유는 '아무도 원하지 않는 제품을 만드는 것'이 아닐까요? 많은 자금을 투입한 아이디어가 대중의 선택을 받으면 좋겠지만, 그렇지 않을 경우 상당한 기회비용과 금전적 손실로 이어집니다. 해외의 대표적인 크라우드 펀딩 플랫폼 인디고고의 창업자 링겔만(Ringelmann)이 "인디고고는 자금을 모으는 곳이자 시장 테스트 및 검증을 위한 창구"라고 할 만큼 크라우드 펀딩은 제품의 수요를 예측해 시장성을 파악하는 데 좋은 수단입니다.

이를 반영하듯 최근에는 스타트업이나 중소기업뿐 아니라 대기업에서도 크라우드 펀딩을 실험 무대로 활용하는 사례가 많아지고 있습니다. 그중 하나가 신세계 인터내셔널의 사내 벤처팀인 '플립(Flip)'입니다. 플립은 '소비자와 함께 만드는 디자인'이라는 콘셉트의 의류 브랜드입니다.

플립(출처: 플립)

플립은 넘쳐나는 의류 쓰레기의 처리 비용과 이로 인한 환경 오염 등을 해결하기 위해 필요한 만큼의 제품만 생산하기로 합니다. 이 목적을 달성하려면 제품을 생산하기 전에 시장성을 파악해 정확한 수요를 예측해야만 했습니다. 이때 플립이 선택한 방식은 제품을 정식 출시하기 전 크라우드 펀딩을 통해 선주문 형태의 펀딩을 받는 것이었습니다. 펀딩에 성공하면 재고 없이 필요한 만큼의 제품을 생산할 수 있고 펀딩에 실패하면 시장성이 없다고 판단해 제품 생산을 보류할 수 있는 것이죠. 펀딩의 결과는 대성공이었습니다. 펀딩 시작 한 달 만에 목표를 훌쩍 넘긴 후원자로부터 약 2억 5,000여 만 원의 펀딩을 받아 시장성을 확인할 수 있었고 제품 생산 전 정확한 수요를 예측할 수 있었습니다. .

플립의 '최강구스다운점퍼' 프로젝트(출처: 와디즈)

홍보 효과

크라우드 펀딩은 후원자가 직접 제작에 참여해 의견을 적극적으로 내기 때문에 충성도가 매우 높습니다. 그리고 이런 충성도 높은 대중을 시작으로 마케팅을 펼쳐나간다면 좋은 홍보 효과를 기대할 수 있습니다.

마음에 드는 리워드가 제공되는 크라우드 펀딩 프로젝트라 하더라도 목표 기간 내에 목표 금액을 달성하지 못하면 프로젝트가 무산돼 리워드를 받지 못하기 때문에 후원자도 프로젝트의 성공을 위해 적극적으로 홍보합니다. 이런 후원자의 자발적인 홍보는 프로젝트 진행자에게 큰 힘이 될뿐 아니라 프로젝트 성공에도 큰 영향을 미치기 때문에 크라우드 펀딩 플랫폼에서는 후원자의 홍보를 유도하기 위해 지지 서명과 같은 SNS 공유 기능을 제공합니다.

지지 서명과 공유 기능(출처: 텀블벅, 와디즈)

프로젝트 진행자 역시 후원자를 대상으로 공유 및 참여 이벤트 등의 마케팅을 유도합니다. 아직 리워드가 제작되지 않았는데도 이벤트를 통해 프로젝트에 대한 적극적인 홍보가 이뤄지고 후원자가 곧 마케터가 되는 효과를 기대할 수 있습니다.

지지 서명 이벤트(출처: 텀블벅, 와디즈)

'○○ 프로젝트 목표 금액 1,000% 달성!'과 같은 기사를 본 적 있나요? 크라우드 펀딩은 프로젝트 종료 후에도 언론의 좋은 홍보 소재가 되기도 합니다. 이런 기사를 보게 된다면 많은 사람이 선택한 믿을 수 있는 제품이라는 신뢰감을 줄 수 있을 것입니다.

크라우드 펀딩 초과 달성 관련 기사

이처럼 크라우드 펀딩은 아직 제품이 시장에 출시되지 않은 상태인데도 프로젝트를 진행하면서 제품 출시 전 마케팅 효과를 기대할 수 있습니다. 또한 큰 성과를 거둔 프로젝트는 달성률과 펀딩 금액 등을 홍보 소재로 사용할 수 있습니다.

2019년, 큰 인기를 끌었던 베스트셀러《죽고 싶지만 떡볶이는 먹고 싶어》라는 책을 읽어봤더라도 이 책의 시작이 크라우드 펀딩이었다는 것까지는 알지 못할 것입니다.

《죽고 싶지만 떡볶이는 먹고 싶어》 프로젝트(출처: 텀블벅)

《죽고 싶지만 떡볶이는 먹고 싶어》는 실제로 *기분부전장애와 불안장애를 앓고 있는 작가의 정신과 치료 과정을 기록한 치료 일기로, 이 책의 시작은 크라우드 펀딩이었습니다. 처음 크라우드 펀딩에 도전했을 때는 200부가 목표였지만 약 1,300여 명에게 후원을 받으면서 1,500부를 인쇄하게 됩니다. 목표보다 7배 이상의 후원과 공감을 받은 것이죠. 만약 크라우드 펀딩이 성공하지 못했다면 처음 계획했던 200부를 인쇄하는 것도 어려웠겠지만 크라우드 펀딩의 성공이 세간에 알려지면서 정식 단행본으로 출간돼 베스트셀러가 된 사례입니다.

유통 및 2차 투자

크라우드 펀딩을 통해 시장성이 검증된 아이디어는 유통이나 양산을 위한 2차 투자를 받기가 한결 수월해집니다. 정식 출시 전부터 인기가 많은 아이디어는 유통업계의 주목을 받기 마련이죠. 또한 이미 시장성이 검증된 만큼 기업이나 기관으로부터 투자를 받을 때 유리한 데이터로 활용할 수 있습니다.

유통

아무리 좋은 상품이라 하더라도 시장성이 검증되지 않은 상품을 시장에 유통하는 것은 결코 쉬운 일이 아닙니다. 하지만 크라우드 펀딩을 통해 많은 펀딩을 받은 상품의 경우, 항상 새로운 것을 찾는 소비자에게 주목의 대상이 됩니다. 이런 상품은 시장에 유통됐을 때도 판매가 잘될 가능성이 크기 때문에 유통사에서도 관심이 있을 수밖에 없죠.

TIP

'상품기획자(Merchandiser)'의 약자로, 상품화 계획 또는 상품 기획을 전문적으로 하는 사람을 말합니다.

유통사의 *MD 입장에서도 아직 시장에 유통되지는 않았지만 시장성이 검증된 상품이라면 누구보다 먼저 선점해 판매하고 싶을 테니까요. 이런 이유에서 크라우드 펀딩에 성공한 상품은 유통사에서 먼저 입점 제안을 하는 경우도 있습니다. 물론 직접 유통사에 입점을 신청하는 것보다 유리한 조건으로 입점 및 공급할 수도 있죠. 저 또한 대형 포털의 커머스 플랫폼을 운영하면서 크라우드 펀딩 시 반응이 좋았던 진행자에게 먼저 컨택한 경험이 많습니다.

2차 투자

기존에는 소수의 전문가와 기관으로부터 아이디어를 평가받은 후 투자받을 수 있었습니다. 하지만 이제는 크라우드 펀딩이 시장성을 증명할 수 있는 수단이 되고 크라우드 펀딩에 성공한 아이디어에 투자자들이 먼저 손을 내미는 사례가 늘어나고 있죠. 앞으로 소개할 '오큘러스'의 사례도 그렇습니다.

'오큘러스(Oculus)'는 크라우드 펀딩에 성공하고 이로 인해 대기업에 인수까지 된 사례 중 가장 유명한 사례입니다. 가상 현실 산업은 1980년대에 잠깐 빛을 발하는 듯하다가 1990년대에 거의 사라지다시피 했습니다. 사람들은 자연스럽게 현실에서는 불가능한 공상 과학 영화에서나 볼 수 있는 기술 정도로만 생각하기 시작했습니다.

그러던 중 2012년 오큘러스가 등장합니다. 오큘러스는 약 2억 원을 목표로 킥스타터에서 크라우드 펀딩을 진행했고, 약 9,500명으로부터 약 25억 원을 펀딩받았습니다. 가상 현실 기기가 현실성 없다고 여겨지던 당시 VR 아이템으로 투자자를 설득하려고 했다면 힘든 과정을 겪었어야 했겠지만, 크라우드 펀딩을 통해이 과정을 생략할 수 있었습니다. 이미 대중이 열광하고 있었기 때문에 큰 기업들의 오큘러스 입찰 경쟁이 시작됐고, 결국 페이스북이 약 2조 원에 오큘러스를인수했습니다.

오큘러스(출처: Oculus Rift)

 TIP

IR은 Investor Relations의 약자로 투자자들에게 기업의 정보를 제공하기 위한 문서를 말합니다.

이처럼 크라우드 펀딩의 성공은 시장 가능성을 입증해야 하는 경우 근거 자료가됩니다. 그렇기 때문에 창업 대회, 지원 사업 등에 제출하는 *IR 자료나 사업계획서에는 크라우드 펀딩에서 얼마나 많은 펀딩을 받았는지를 자료로 사용하기도 합니다.

이런 이유 때문일까요? 이렇게 시장성의 검증과 투자 지원을 한 번에 해결할 수 있는 크라우드 펀딩 연계형 유통이나 투자 프로그램이 점차 늘어나고 있습니다. 제품뿐 아니라 창작 프로젝트를 지원하는 프로그램 또한 많아지고 있으므로 이를 적극 활용하는 것이 좋습니다.

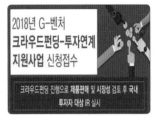

크라우드 펀딩 관련 지원 사업

05

크라우드 펀딩 활용법

여기까지 따라오셨으면 크라우드 펀딩이 무엇이고 어떤 장점이 있는지 정리됐을 것입니다. 그럼 이제 어느 누구와 크라우드 펀딩을 주제로 대화하더라도 자신 있게 '크라우드 펀딩을 안다!'라고 말할 수 있겠죠? 이제는 한발 더 나아가 크라우드 펀딩을 제대로 활용하는 방법에 대해 알아보겠습니다.

크라우드 펀딩에 대한 오해와 진실

크라우드 펀딩에 대한 가장 큰 오해는 크라우드 펀딩을 돈을 벌기 위한 수단이나 마케팅의 목적으로 활용할 수 있다는 것입니다. 이 책의 제목을 정면으로 부정하는 말이라서 당황할 수도 있겠지만 크라우드 펀딩을 좀 더 면밀히 살펴보면 그렇지 않은 경우가 더 많습니다. 크라우드 펀딩의 활용법에 대해 알아보기 전에 높은 달성률과 매출에 대한 크라우드 펀딩 관련 기사나 홍보만 접해 생긴 오해부터 짚어보겠습니다.

펀딩 금액이 많을수록 수익도 많을 것이다

지금 어떤 크라우드 펀딩 플랫폼을 확인하더라도 수천 만 원을 넘어 수억 원 단위로 많은 펀딩 금액을 홍보하는 프로젝트를 어렵지 않게 볼 수 있습니다. 펀딩 금액이 많다 보니 그만큼 많은 수익을 얻었을 것이라 생각할 수 있겠지만 자세히 들여다 보면 그렇지 않은 경우가 많습니다.

시중에 유통되지 않은 제품을 리워드로 제공하는 크라우드 펀딩의 특성상 후원자는 펀딩 종료 후 짧게는 한 달에서 길게는 두 달이 지난 후에야 리워드를 받을 수 있습니다. 이때 리워드의 가격이 정식 유통 가격과 동일하게 책정돼 있다면 길게는 두 달까지 기다려야 하는 펀딩에 참여할 사람은 많지 않을 것입니다. 그렇기 때문에 리워드를 평균 30~40%까지 할인된 가격으로 설정하고 정식 유통 제품에는 제공하지 않는 부수적인 리워드를 함께 제공합니다. 이밖에도 프로젝트를 홍보하기 위해 이벤트나 광고를 위해서도 비용을 지출하죠. 프로젝트가 종료된 이후에도 배송비가 필요합니다.

여기서는 정식 유통 가격이 10만 원인 제품을 30% 할인된 7만 원의 가격으로 책정해 프로젝트를 진행하고 1억 원을 펀딩받은 상황을 예로 들어 설명해보겠습니다. 이 제품의 원가(또는 제작비)는 4만 원, 프로젝트를 진행한다면 제품 하나당 얻을 수 있는 이익은 3만 원입니다.

	리워드 가격	70,000원
-	원가	40,000원
	이익	30,000원

그리고 프로젝트를 홍보하기 위해 유료 광고를 시작합니다. 광고비를 지출하지 않았다면 제품 하나당 3만 원의 이익을 얻을 수 있지만 자연 유입만으로 프로젝트를 성공하기는 어렵습니다. 아주 후하게 광고비 대비 매출이 3배라고 가정할 경우 광고비로 100만 원을 지출한다면 추가로 대략 40건의 펀딩이 이뤄져 300만 원의 펀딩 금액을 모을 수 있습니다. 그럼 제품 하나당 약 2만 5,000원의 광고비가 발생한 것입니다. 펀딩 금액은 늘어났지만 광고비로 인해 제품 하나당 얻을 수 있는 이익은 5,000원이 됐습니다.

	리워드 가격	70,000원
-	원가	40,000원
-	광고비	약 25,000원(건당)
	이익	5,000원

우여곡절 끝에 후원자 1,429명을 통해 펀딩 금액 1억 원을 달성했지만 크라우드 펀딩 플랫폼 수수료와 포장, 배송료를 지출해야 합니다. 플랫폼 수수료는 중간값인 10%, 포장, 배송료는 제품당 3,000원으로 책정했습니다.

	리워드 가격	70,000원
-	원가	40,000원
-	광고비	약 25,000원(건당)
-	포장, 배송비	3,000원(건당)
-	플랫폼 수수료	7,000원(건당)
	이익	-5,000원 * 1,429명 = -7,145,000원

펀딩 금액이 1억 원을 달성했지만 진행자는 이익이 아니라 오히려 약 700만 원의 손실을 입었습니다. 하지만 밖에서 보았을 땐 타들어가는 진행자의 속을 알 길이 없습니다. 이미 양산을 시작했기 때문에 정식 유통 가격을 변경하기 어렵고, 펀딩을 위해 대폭 할인을 하고, 또 광고를 집행해 높은 펀딩 금액을 달성하기는 했지만 결국 손해를 보는 것이죠.

물론 쉬운 이해를 위해 극단적인 상황을 예로 들었지만, 큰 흐름은 이와 비슷합니다. 여기에 상세페이지 제작 같은 기타 비용까지 생각하면 최악의 경우 더 많은 손해를 볼 수도 있습니다. 꼭 많은 펀딩 금액이 많은 이익으로 이어지지 않을 수도 있다는 것을 기억하고 철저하게 준비해야 합니다.

🎙 높은 초과 달성률은 인기가 많은 프로젝트임을 증명한다

'1,000% 초과 달성!' 등의 목표 금액을 월등히 뛰어넘을 큰 프로젝트를 종종 접했을 것입니다. 당장 크라우드 펀딩 관련 기사를 찾아봐도 어렵지 않게 찾아볼 수 있죠. 목표 금액을 10배나 초과 달성했다는 건 그만큼 많은 후원자가 열성적으로 후원했다는 이야기로 해석할 수도 있습니다.

하지만 종종 크라우드 펀딩을 높은 초과 달성을 보여주기 위한 방법으로 활용하는 경우가 있습니다. 애초에 목표 금액을 낮게 설정하고 초과 달성을 목표로 하는 것이죠. 목표 금액을 낮게 설정하는 것이 나쁜 방법은 아니지만, 단순히 주목을 끌기 위해 목표 금액을 낮게 설정한다는 것은 필요한 자금을 원하는 만큼 조달하지 못한다는 의미가 되기도 합니다. 특히 요즘 같이 '1,000% 초과 달성!'이라는 홍보 문구가 흔해진 때에는 의도했던 홍보 효과도 얻지 못하는 애매한 상황이 될 수 있습니다.

🎙 크라우드 펀딩은 효과적인 마케팅 수단이다

크라우드 펀딩에 성공하면 홍보가 된다거나 언론에서도 많이 다룬다는 소문이 퍼지면서 '아, 크라우드 펀딩이 매우 효과적인 마케팅 수단이구나.'라고 오해하는 경우가 있습니다. 그렇다고 크라우드 펀딩이 마케팅 효과가 없다는 것은 아닙니다. 중요한 점은 크라우드 펀딩 플랫폼에 올리는 것만으로 마케팅으로 이어지지는 않을 뿐 아니라 평범한 프로젝트에 평범한 성과라면 성공하고도 주목받기 어려울 수밖에 없다는 것입니다. 그래서 높은 초과 달성을 위해 많은 광고비를 지출하지만 이런 경우 프로젝트가 성공한다고 해도 원했던 마케팅 효과를 얻을 수 없습니다.

크라우드 펀딩의 마케팅 효과는 프로젝트에 공감한 후원자가 프로젝트의 성공을 위해 자발적으로 주변에 참여를 독려하는 데서 시작됩니다. 그리고 프로젝트에 공감하는 후원자가 많아져 전혀 모르는 사람에게까지 전달됐을 때 원했던 마케팅 효과를 얻을 수 있습니다. 즉, 크라우드 펀딩의 마케팅 효과가 있다는 소문은 성공한 일부 프로젝트의 결과만 보고 생겨난 것입니다. 그렇기 때문에 크라우드 펀딩으로 마케팅 효과를 얻으려면 좋은 프로젝트를 만드는 데 더 집중해야 합니다.

크라우드 펀딩에 도전하려는
이유는 무엇인가요?

"크라우드 펀딩을 하려는 목적이 무엇인가요? 자금 조달인가요, 마케팅인가요?" 컨설팅 자리에서 가장 먼저 묻는 질문입니다. 이렇게 질문하면 대부분의 답변은 둘 중 하나입니다. "자금도 조달하고 마케팅도 되면 좋죠." 또는 "마케팅이 목적이지만 돈도 벌고 싶습니다." 그러면 저는 하나의 목적에만 집중하자고 이야기합니다. 그 이유는 자금 조달이나 마케팅을 목적으로 할 때의 크라우드 펀딩 설계와 전략이 각각 다르기 때문입니다.

프로젝트 실행에 필요한 자금 조달을 목적으로 크라우드 펀딩에 도전한다면 목표 금액 설정이 매우 중요해집니다. 단순히 크라우드 펀딩의 성공만을 위해 낮은 금액을 목표로 설정하면 크라우드 펀딩에 성공하더라도 여전히 자금 부족에 시달리게 됩니다. 이럴 경우, 자칫하면 약속한 품질의 리워드를 제공하지 못하거나 리워드 제작을 위해 다른 곳에서 추가 자금을 구해야 하는 상황이 발생합니다.

이와 반대로 마케팅이 목적이라면 리워드 제작을 포함한 프로젝트 전반의 실행 자금은 이미 준비돼 있을 테니 목표 금액 달성에 대한 중요도는 상대적으로 낮아집니다. 오히려 이때는 목표 금액 달성을 전제로 몇 퍼센트를 초과 달성할 수 있는지가 더욱 중요해집니다. 초과 달성률이 높아야 많은 사람의 이목을 끌 수 있고 많은 호응을 얻은 펀딩이라는 인식을 주어 더 많은 펀딩을 유도할 수 있기 때문입니다. 높은 초과 달성률을 얻는 방법은 아주 간단합니다. 바로 목표 금액을 낮게 설정하는 것입니다. 자금 조달이 목적이 아니기 때문에 목표 금액이 달성되기만 하면 프로젝트 실행과 리워드 지급에는 문제가 없는 상황에서 선주문을 통해 시장의 반응을 확인할 수 있는 동시에 아주 효과 좋은 마케팅이 될 수 있습니다.

대표적인 예로 제가 크라우드 펀딩을 대행했던 '전통 빗자루 프로젝트'를 소개하겠습니다. 이는 선주문이 목적인 프로젝트로, 전통 빗자루 장인이 모든 빗자루를 수작업으로 제작했기 때문에 온라인 판매와 같은 실시간 판매로는 물량을 감당할 수 없었습니다. 그렇기 때문에 전통 빗자루에 담긴 장인의 스토리를 알리는 동시에 전통 빗자루를 판매하기 위해 펀딩으로 선주문을 받았습니다. 빗자루를 제작하는 데 필요한 인건비를 제외하고 별다른 자금이 필요한 것은 아니었기 때문에 목표 금액은 중요하지 않았지만, 마케팅을 하려면 반드시 성공해야하는 프로젝트였습니다. 그래서 가능한 한 가장 낮은 금액을 목표로 설정했고 선주문 개념으로 펀딩을 받았습니다. 사이즈 오류 때문에 이슈가 있긴 했지만, 결과적으로 약 14,000%를 초과 달성해 펀딩을 성공적으로 마쳤고 선주문된 만큼의 빗자루를 제작해 후원자에게 전달했습니다.

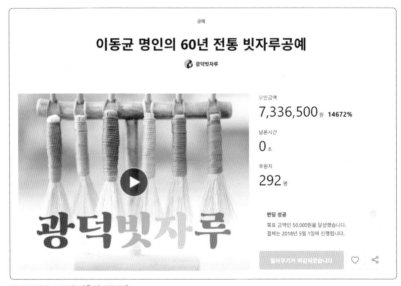

광덕 빗자루 프로젝트(출처: 텀블벅)

결과적으로 자금 조달이나 마케팅 중 하나를 목적으로 크라우드 펀딩을 한다고해서 나머지 목적을 달성할 수 없는 것은 아닙니다. 하지만 하나의 목적에 집중할수록 효과적입니다. 자금 조달을 목적으로 크라우드 펀딩을 진행했지만, 많은 후원자로부터 공감을 얻어 마케팅이 될 수 있다면 초과 달성도 가능해집니다. 그렇게 되면 자금 조달이라는 본래 목적과 마케팅 효과라는 부가적인 이득을 모두 얻을 수 있게 되는 것이죠. 설사 원하는 만큼의 마케팅 효과를 얻지 못했더라도 목표 금액이 달성된다면 자금을 조달할 수 있게 됩니다.

이와 반대로 마케팅을 목적으로 크라우드 펀딩에 도전했지만 마케팅 비용을 상쇄할 수 있을 정도의 자금을 조달하는 경우도 있습니다.

모든 비즈니스가 그렇듯이 목적과 가용할 수 있는 자원의 상태에 따라 전략과 전술이 달라집니다. 그렇기 때문에 이것도 좋고, 저것도 좋은 것이 아니라 반드시 달성하고자 하는 하나의 분명한 목적이 필요합니다. 분명한 목적 외에 나머지는 목적을 달성했을 때 얻을 수 있는 부가적인 이익인 것입니다. 여러분이 크라우드 펀딩에 도전하려는 목적은 무엇인가요?

언제 크라우드 펀딩을 해야 할까?

크라우드 펀딩은 펀딩 자체가 목적이 아니라 창작물이든 제품이든 뭔가를 만드는 과정 중 하나입니다. 그렇다면 크라우드 펀딩은 어느 단계에서 실시해야 가장 효과적일까요?

🎥 크라우드 펀딩이 힘을 발휘하는 순간

제품이 제작되는 과정을 간단히 살펴보겠습니다. 가장 먼저 제품의 기획, 설계, 디자인 등의 단계를 거칩니다. 그리고 생산 전 의도대로 제품이 제작될지 확인하기 위해 시제품을 만드는데요. 제품 작동이 필요한 경우 '워킹 목업'(실제 구동할 수 있는 시제품)을 만듭니다. 큰돈이 들어가는 양산이 시작되면 수정할 수 없기 때문에 이 단계에서 꼼꼼히 살펴봐야 합니다. 문제가 없다면 비로소 양산을 시작하고 완성된 제품을 유통합니다.

이 프로세스 중 어느 단계에서 크라우드 펀딩이 가장 큰 힘을 발휘할까요? 바로 시제품에서 양산으로 넘어가는 단계가 크라우드 펀딩을 시작할 수 있는 가장 적합한 시기입니다. 왜 그럴까요?

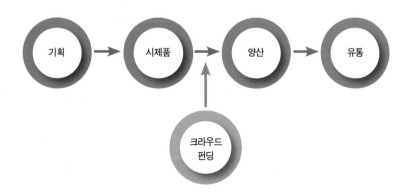

🔩 리스크 감소

시제품은 말 그대로 '시험 삼아 만들어보는 제품'으로, 소량만 생산하기 때문에 양산에 비해 투입되는 자금이 크지 않습니다. 따라서 시제품을 제작하는 단계까지는 대부분 자비로 충당할 수 있습니다. 하지만 문제는 많은 비용이 필요한 '양산 단계'입니다. 앞에서도 언급한 바와 같이 제품 출시의 리스크는 이 지점에서 발생합니다. 얼마나 팔릴지 모르는 상황에서 양산하면 팔리지 않았을 경우 감당해야 할 손실이 크기 때문입니다.

그러나 이 단계에서 크라우드 펀딩을 진행하면 리스크를 상당 부분 해소할 수 있습니다. 양산에 필요한 자금을 목표 금액으로 선주문을 받아보면 잠재 고객의 수요와 제품에 대한 피드백도 받을 수 있고 양산 비용도 충당할 수 있기 때문입니다. 설사 목표 금액을 달성하지 못했더라도 감당해야 하는 비용은 높지 않고 잠재 고객들의 피드백을 바탕으로 아이디어를 보완할 수 있습니다.

🔩 프로젝트 신뢰도

대중이 아직 세상에 나오지 않은 제품 또는 콘텐츠에 지갑을 열도록 하기 위해서는 정말 제작될 것이라는 신뢰감을 주는 것이 중요합니다. 그렇기 때문에 펀딩 상세페이지를 보면 다양한 이미지와 영상 등을 통해 온라인에서 프레젠테이션을 하듯이 프로젝트를 소개하는 것입니다. 하지만 기획 단계에서 펀딩을 한다면 보여줄 수 있는 실물이나 데모가 없기 때문에 만들 수 있는 콘텐츠가 많지 않아 제작 완수에 대한 신뢰감을 줄 수 있는 방법이 매우 한정적이게 됩니다. 그렇기 때문에 후원자들이 최종 결과물의 작동 모습, 스펙 등을 눈으로 확인할 수 있는 시제품 단계에서 펀딩하는 것을 추천합니다.

🐌 콘텐츠

시제품이 있다면 크라우드 펀딩에 활용할 수 있는 콘텐츠가 훨씬 풍성해지고 프로젝트에 대한 신뢰도를 높일 수 있습니다. 후원자는 실제 제품을 보기 전에 돈을 먼저 내야 하기 때문에 크라우드 펀딩의 상세페이지에는 프로젝트를 소개하는 영상과 이미지 등 다양한 콘텐츠가 올라갑니다. 그런데 이때 받게 될 리워드의 3D 모델링이나 디자인만 있다면 아무래도 선뜻 펀딩에 참여하기 어렵지만, 실제 리워드의 사진과 작동 모습 등을 보게 된다면 훨씬 설득력이 높아집니다.

제품 카테고리의 경우 프로젝트 자체가 제품에 관계된 것이어서 시제품처럼 보여줄 것이 명확하지만, 창작이나 캠페인의 경우 시각적으로 보여줄 것이 명확하지 않은 경우도 있습니다. 이런 경우일수록 더욱 구체적인 실행 계획이 필요합니다. 그래야만 대중에게 '이 사람은 진짜 이 프로젝트를 실행할 의지가 있구나.'라는 신뢰를 줄 수 있기 때문입니다.

더퀘스트의 '우리는 조구만 존재야' 프로젝트(출처: 텀블벅)

04

크라우드 펀딩으로 전하는
선한 영향력

선한 영향력이란, '나의 선한 행동이 다른 사람에게도 영향을 미쳐 더 많은 선한 행동이 전파되도록 한다.'는 의미를 갖고 있습니다. 크라우드 펀딩은 이런 선한 영향력을 전파하는 방법 중 하나입니다.

국내 크라우드 펀딩 초창기에는 공익성을 띤 크라우드 펀딩 프로젝트가 가장 많았습니다. 이런 프로젝트는 이전만큼은 아니지만 요즘도 많이 볼 수 있는 프로젝트입니다. 크라우드 펀딩은 '십시일반'이라는 우리나라의 정서와도 잘 맞습니다. 진행자의 공익적인 프로젝트에 많은 사람이 조금씩 힘을 보태 좀 더 큰 결과를 만들어낸다는 점에서 요즘 많이 회자되는 선한 영향력을 잘 보여주는 방식입니다. 주로 수익금의 일부를 기부하거나 사회적 인식 개선을 위한 캠페인 진행 비용을 조달하는 프로젝트를 진행합니다.

💰 **TIP**

텀블벅은 2019년 12월 30일부터 기부를 목적으로 한 프로젝트를 금지했습니다. 리워드 제작, 지급 등 프로젝트를 문제 없이 마친 후 남는 돈을 기부하는 것은 자유이지만, 프로젝트에서 공약하는 것은 금지됩니다.

💵 수익금 기부

수익금 기부는 기부 대상이 정해져 있는 상태에서 리워드 판매 수익금의 일부를 기부하는 형태입니다. 아마도 공익성 프로젝트 중 가장 많은 형태일 것입니다. 프로젝트의 리워드로는 진행하는 공익성 프로젝트의 의미가 담긴 팔찌나 티셔츠 등의 제품을 주로 제공합니다. 프로젝트가 성공하면 모금액으로 리워드를 제작하고 남은 수익금의 일부를 기부합니다.

💰 **TIP**

아동 노동 반대와 운모(화강암이 많이 포함돼 있는 광물)의 지속가능한 개발을 위한 활동을 하는 국제 NGO 단체

'인도 Mica 채굴 현장의 어린이에게 희망을 선물해주세요!!' 프로젝트는 국제 'NGO(Non Government Organization, 비정부단체)'인 '*Responsible Mica Initiative'에 기부하기 위해 티셔츠를 제작하는 프로젝트로, 보통 수익금의 일부를 기부하는 형태로 진행하지만, 이 프로젝트는 플랫폼 수수료, 리워드 제작비, 배송비 등의 제반 비용을 제외한 수익금 전액을 기부했습니다.

'인도 Mica 채굴 현장의 어린이에게 희망을 선물해 주세요!!' 프로젝트(출처: 와디즈)

Q. 프로젝트의 후원금은 어떻게 사용하실 계획인가요?

A. 프로젝트의 펀딩금은 수수료, 리워드 제작비용, 택배비용 등을 제외한 순수익금의 100%를 Mica생산지역의 아동노동반대 및 교육기회확대, Mica 산업의 지속가능한 개발을 위해 활동하고 있는 국제 NGO단체 Responsibe Mica Initiative에 기부할 예정입니다. 펀딩 종료후, 서포터 분들께 기부 상황을 안내하겠습니다.

MICA 프로젝트 후원금 사용 계획(출처: 와디즈)

모든 프로젝트가 그렇겠지만, 특히 기부와 관련된 프로젝트는 이처럼 후원금 사용 계획을 구체적이고 투명하게 명시해야 합니다. 다만, 기부 프로젝트를 준비 중이라면 기부를 명분삼아 판매 목적으로 만들어진 제품을 억지로 기부에 끼워 맞추지 않기를 권장합니다.

펀딩 프로젝트의 스토리와의 연결이 부자연스러울 뿐 아니라 프로젝트가 끝난 후 플랫폼 수수료, 리워드 제작비, 배송비, 인건비, 일부 수익을 제외하고 나면 실제 기부하는 돈은 얼마되지 않기 때문입니다. 이 때문에 많은 기부 단체가 이름과 사연을 제공하고도 아주 적은 기부금만 받거나 심지어 아예 받지 못하는 사고가 발생하는 경우도 많았습니다. 이런 방식은 누구에게도 도움이 되지 않는 방식이므로 지양해야 합니다.

📷 캠페인 진행 비용 마련

다음 사진은 호주 어린이 보호 단체에서 진행한 아동 학대 관련 공익 캠페인으로, 벽에 갇힌 아이가 탈출하는 모습입니다. 아동 학대의 경우 외부에서는 아동의 학대 사실을 알기 어렵고 아동 학대가 의심되더라도 '남의 가정사' 또는 '훈육 방식의 차이'로 인식돼 신고율이 매우 낮은 형편입니다. 이 'Stop Child Abuse Now' 캠페인은 이런 문제를 개선하기 위해 '주변의 관심과 적극적인 신고가 아이들을 학대에서 탈출시킬 수 있다.'라는 메시지를 전달하기 위해 기획됐습니다.

'Stop Child Abuse Now' 캠페인(출처: 텀블벅)

한국의 아동 관련 비영리단체인 '옐로소사이어티'는 호주 어린이 재단(ACF)과 협약을 맺고 캠페인 설치물 제작 비용을 마련하기 위해 크라우드 펀딩에 나섰습니다. 단순히 호주에서 진행한 캠페인의 사진만 올려놓고 '이것을 하겠습니다.'라고 하면 신뢰성이나 설득력이 떨어질 것이라 판단해 네이버 웹툰 '월유메리미'의 마인드C 작가와 컬래버레이션해 캠페인 진행 계획과 예상 안을 그림으로 표현했고 작가가 직접 리워드 디자인에도 참여했습니다. 그리고 캠페인을 실행할 장소와 일시를 정하기 위해 사전 답사 등을 진행했고 이런 내용을 상세페이지에 자세히 소개했습니다.

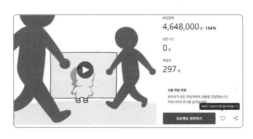

캠페인 설치 장소

강남역 11/12번 출구를 비롯해 주요 출구 중 한곳을 택해 설치할 예정입니다.

후보1: 강남역 11번/12번 출구   후보2: 강남역 1번 출구   후보3: 강남역 3번 출구

'당신은 이 아이가 보이시나요?' 프로젝트(출처: 텀블벅)

이런 노력 덕분에 300여 명으로부터 펀딩을 받아 무사히 설치물 제작비를 모을 수 있었고 예정대로 사전 답사한 곳 중 하나인 강남역 3번 출구에 설치물을 제작할 수 있었습니다.

실제 진행된 캠페인 모습(출처: 텀블벅)

창작(콘텐츠)

창작 프로젝트는 매우 다양하지만, 이번에는 주로 영화, 출판 등과 같은 콘텐츠를 중심으로 알아보겠습니다. 제품, 콘텐츠 등 창작에 제한은 없지만, 문화, 예술 분야의 콘텐츠가 어떻게 크라우드 펀딩을 활용하고 있는지 알아두면 펀딩 아이디어를 떠올릴 때 많은 도움이 될 것입니다.

제작비가 크다면 잘게 쪼개자

일반적인 게임의 제작비는 작게는 몇십 억 원부터 크게는 몇천 억 원에 이르기까지 규모가 상당히 크기 때문에 게임 제작 전체를 펀딩으로 충당하기에는 무리가 있습니다. 이렇게 규모가 크기 때문에 게임 관련 펀딩에는 상대적으로 제작비가 크지 않은 인디 게임이나 보드 게임 프로젝트가 많습니다. 하지만 큰 규모의 제작비가 필요한 경우에도 펀딩에 도전할 수 있습니다. 제작 단계를 세분화해 개발비의 일부 또는 보안 솔루션 비용, 로컬라이징 비용, OST 제작 비용 등과 같이 제작비의 일부를 마련하는 것이죠. 이런 식으로 제작 단계를 세분화하면 목표 금액을 현실적으로 낮출 수 있습니다.

영화 제작도 마찬가지입니다. 영화 제작비는 상상을 초월할 정도로 큰 규모의 제작비가 필요합니다. 심지어 저예산 예술 영화나 독립 영화도 제작비가 억 단위를 호가하는 것은 예삿일이죠. 이런 경우에도 게임과 같이 영화 제작의 각 단계를 세분화해 펀딩할 수 있습니다. 대부분 상세페이지에서 이미지, 영상, 스틸컷 등을 보여줄 것이 많은 영화 제작의 후반 작업 단계에서 펀딩을 진행하는데, 후반 작업비는 전체 영화 제작비에서 차지하는 비중이 낮기 때문에 펀딩에 적합합니다.

🎮 원 소스 멀티 유즈

'원 소스 멀티 유즈(One Source Multi Use)'는 하나의 원천 콘텐츠를 활용해 영화, 게임, 애니메이션, 출판 등 다양한 장르로 변형하는 것으로, 대표적인 예로는 웹툰을 들 수 있습니다. 웹툰을 영화화하거나 게임으로 만드는 등 모든 장르로 변형해 활용하고 있습니다. 원 소스 멀티 유즈의 가장 큰 장점은 기존 콘텐츠의 인지도와 팬을 통한 구매력 확보입니다. 팬 베이스가 가장 강력한 동기인 크라우드 펀딩에서 이런 형태의 콘텐츠는 어느 정도 성공을 보장한다고 할 수 있습니다. 크라우드 플랫폼의 입장에서도 성공 가능성이 높은 프로젝트는 반가울 수밖에 없겠죠!

가장 최근의 재미있는 사례로는 드라마로 제작된 '이태원 클라쓰 프로젝트'를 들 수 있습니다. 이 프로젝트는 이태원 클라쓰에 등장하는 직원 배지, 술잔 세트 등을 실제 굿즈로 만드는 것이었는데요. 원 소스 멀티 유즈는 기존의 웹툰을 단행본이나 영화 같은 다른 장르로 제작하는 것 외에도 이렇게 작은 아이템을 개발하는 프로젝트를 진행할 수 있다는 것을 잘 보여준 사례입니다.

'이태원 클라쓰 프로젝트'(출처: 텀블벅)

제품

장기 목표를 세운 후에 사업을 하거나 새로운 제품을 지속적으로 준비하고 있는 진행자가 크라우드 펀딩에서 단순히 한 번의 성공에 만족하고 끝낸다면 크라우드 펀딩을 50%만 활용한 것입니다. 그렇다면 크라우드 펀딩을 100% 활용한다는 의미는 무엇일까요?

크라우드 펀딩에 도전하는 대부분의 사람이 여러 번 도전하지는 않습니다. 프로젝트가 생각보다 빠르게 만들어지지도 않고 펀딩을 준비하기가 쉽지 않기 때문입니다. 그럼에도 저는 계속 도전하는 것을 추천합니다. 모든 일이 그렇지만 펀딩 역시 첫 번째보다 두 번째, 두 번째보다 세 번째가 성공하기 쉽습니다. 물론 경험이 쌓이는 것에도 영향을 받지만 프로젝트를 반복할수록 펀딩에 참여한 후원자가 누적되기 때문입니다.

처음 프로젝트에 참여하고 리워드에 만족한 후원자는 다음 프로젝트에 다시 참여할 확률이 높기 때문에 리워드만 만족스럽다면 펀딩을 반복하면서 후원자 수를 늘려나갈 수 있고 이는 결국 처음보다 많은 모금액으로 이어집니다.

이 과정을 텀블벅의 '헤브론 프로젝트'를 예로 들어 알아보겠습니다. 헤브론 프로젝트는 화학공학과 출신의 조향사가 사람, 자연 등에서 받은 영감을 향기로 표현하는 프로젝트입니다. 한국인의 체취에 맞는 살 냄새, 몰약, 대나무숲, 유자꽃 등의 향수를 지속적으로 선보이면서 탄탄한 팬덤을 갖추게 된 프로젝트입니다.

소소하지만 확실한 성공

TIP

특정한 인물이나 분야를 열성적으로 좋아하는 사람들 또는 그러한 문화 현상을 말합니다.

아직 대중에게 알려지지 않은 소위 *팬덤이 없는 상황에서 시작한 첫 프로젝트에는 생각보다 모금액이나 후원자의 규모가 작을 수 있습니다. 대부분 이런 상황에서 크게 실망한 나머지 두 번 다시 크라우드 펀딩에 도전하지 않는 경우가 있습니다. 하지만 실망스러운 첫 펀딩에 좌절하지 말고 '지금부터 시작이다.'라는 마음을 가져야 합니다. 비록 생각만큼의 성공은 아니었지만 적어도 내 아이디어만 보고 기꺼이 프로젝트에 참여한 후원자가 있다면 지금부터 팬덤을 키워나가겠다는 마음가짐이 필요합니다.

목표 금액 100만 원으로 시작한 첫 번째 펀딩 프로젝트(출처: 텀블벅)

성실한 리워드 제공과 후기 모으기

일회성 프로젝트에 그치지 않고 크라우드 펀딩에 계속 도전할 생각이라면 후원자가 기대한 만큼의 완성도 높은 리워드를 성실히 제공해야 합니다. 물론 일회성 프로젝트라고 해서 리워드를 대충 제공해도 된다는 뜻은 아닙니다. 후원자에게 만족스러운 경험을 제공했다면 후기 이벤트를 통해 다양한 후기를 모으는 것이 좋습니다. 그렇다면 후기 이벤트는 어떻게 진행하는 것이 좋을까요? 가장 손쉬운 방법은 크라우드 펀딩 플랫폼의 게시판을 이용하는 것입니다. 텀블벅에는 '커뮤니티', 와디즈에는 '새소식'이라는 게시판이 있는데, 이 게시판만 잘 활용해도 후기를 성공적으로 모을 수 있습니다.

텀블벅과 와디즈의 게시판(출처: 텀블벅, 와디즈)

게시판에는 재미있는 기능이 있습니다. 프로젝트 진행자가 게시판에 글을 작성하면 후원자에게 자동으로 메일이 발송돼 다시 한번 찾아오도록 할 수 있는 것인데요. 이를 활용해 댓글로 후기를 작성해주는 후원자에게 추가 리워드를 지급하는 이벤트를 진행하고 관련 내용을 게시판에 작성하면 이 내용이 프로젝트에 참여한 모든 후원자에게 메일로 발송됩니다. 리워드에 만족한 후원자가 긍정적인 후기를 남겨줄 가능성이 높아지는 것이죠. 이렇게 모은 후기 댓글을 모아 두 번째 프로젝트를 진행할 때 상세페이지의 콘텐츠로 사용할 수 있습니다.

다음 프로젝트 예고하기

두 번째 프로젝트의 기획이 어느 정도 마무리됐다면 게시판의 기능을 적극 활용해야 합니다. 첫 번째 프로젝트의 게시판에 두 번째 프로젝트에 대한 예고 글을 작성합니다. 그럼 이전 프로젝트에 참여했던 후원자에게 알림이 전달되고 이전 후원자의 관심을 다시 모을 수 있습니다. 이전 프로젝트의 리워드가 만족스러웠다면 이번에도 신뢰를 갖고 적극적으로 참여할 가능성이 높기 때문에 후원자 커뮤니티를 계속 유지하는 것이 좋습니다.

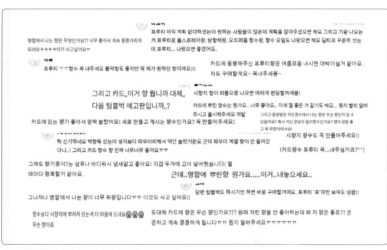

후속 프로젝트에 대한 후원자 기대 댓글(출처: 텀블벅)

'헤브론 프로젝트'의 경우, 리워드와 함께 선물로 카드향수를 배송했습니다. 그 결과 후원자는 리워드와 함께 배송된 카드향수에 만족해 다음 프로젝트에 대한 기대글과 후기글을 모을 수 있었고 자연스럽게 선물한 카드향수의 향을 다음 프로젝트의 리워드로 진행할 수 있었습니다.

프로젝트 오픈 + 커뮤니티 업데이트하기

두 번째 프로젝트가 시작되면 다시 게시판 기능을 활용합니다. 예고한 두 번째 프로젝트의 시작을 알리고 이번 프로젝트에도 후원하거나 공유할 경우 추가 리워드를 제공한다는 글을 게시판에 등록하면 예고한 두 번째 프로젝트의 시작을 알림과 동시에 후원자가 자발적으로 홍보할 수 있는 이유를 만들어줄 수 있습니다.

앞으로도 계속 이야기하겠지만 크라우드 펀딩은 프로젝트의 초기가 가장 중요합니다. 이전 후원자를 포함해 가족, 동료가 초기에 후원한다면 프로젝트 성공 가능성을 더욱 높일 수 있습니다.

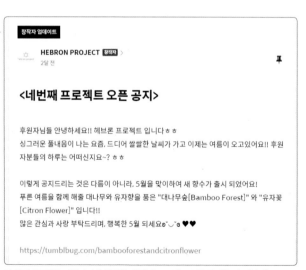

두 번째 프로젝트 커뮤니티에 올라온 네 번째 프로젝트 오픈 공지(출처: 텀블벅)

🐌 반복하기

몇 번의 프로젝트를 마쳤다면 이제부터는 매우 간단합니다. 위 과정을 반복하기만 하면 됩니다. 그러면 첫 프로젝트에서 50명이었던 후원자가 70명, 100명, 200명이 되는 과정을 경험할 수 있습니다. 이들은 내 아이디어에 기꺼이 펀딩하고 피드백을 주는 충성 고객이기 때문에 그저 광고로 확보한 고객과는 질적인 부분에서 큰 차이가 있습니다.

총 4번 진행한 헤브론 프로젝트(출처: 텀블벅)

㈜두물머리

천 만 재테크족을 위한 혁신적 대안을 만들어가는 '불리오' 프로젝트(출처: 와디즈)

Q 인터뷰에 앞서 간단한 소개 부탁드립니다.

저희는 핀테크 스타트업인 ㈜두물머리입니다. 현재 '불리오'와 '불릴레오'라는 상품을 기반으로 개인 투자자를 대상으로 한 자산 관리 서비스를 제공하고 있고 약 12,000 계좌와 1,500억 원 정도의 자금을 운용하고 있습니다. 저희는 고액 투자자만이 누릴 수 있었던 '자산 관리 서비스의 대중화'를 목표로 하는 스타트업입니다.

Q 왜 '크라우드 펀딩'이었나요? 크라우드 펀딩을 진행하게 된 계기가 무엇인가요?

개인 투자자들을 기반으로 하고 있기 때문에 개인, 투자라는 두 가지 키워드와 크라우드 펀딩이 적절하다고 판단했습니다. 2019년 초에 펀딩을 진행했는데, 해당 시점에도 수천 명의 유료 개인 고객과 수만 명의 무료 개인 고객을 확보하고 있었으므로 개인 고객이 주주가 돼 회사와 고객이 모두 윈윈할 수 있는 구조를 만들고 싶었습니다. 그리고 실제로 주주가 되고 싶다는 고객의 요청이 많았습니다. 그러나 대부분의 개인 투자자는 수억 원 또는 수십억 원을 비상장주식에 투자하기 부담스러워 소액을 투자하고 싶어했는데, 이런 고객의 욕구가 크라우드 펀딩과 잘 연결된다고 판단했습니다.

Q 크라우드 펀딩을 준비하는 분들에게 꼭 전하고 싶은 노하우나 꿀팁이 있나요?

내가 사용하는 서비스의 주주가 된다는 스토리를 전달한 것이 효과적이었습니다. 요즘은 서비스나 제품 사용에 그치지 않고 주변에 내가 사용한 서비스나 제품을 적극적으로 알리는 고객이 많습니다. 여기서 한 발 더 나아가 충성도 높은 고객에게 회사와 함께 성장하자는 의미를 담아 전달한 것이 효과적이었습니다. 홍보는 기존 고객과 소통하는 채널을 그대로 사용하는 것이 좋습니다. 고객의 입장에서는 서비스뿐 아니라 투자에 대해서도 이야기를 하게 되면 친밀감이나 소속감이 생기고 관심도도 높아지기 때문입니다.

Q 펀딩 과정 중 힘들었던 점, 아쉬웠던 점, 미처 생각하지 못해 당황스러웠던 점이 있었나요? 만약 있었다면 어떻게 해결하셨나요?

처음 시도할 때 흔히 겪는 일이지만 서류 업무가 많고 복잡했습니다. 또한 투자자 개인 문의가 많았는데 수백 건의 문의가 동시에 들어오다 보니 일손이 많이 부족했습니다. 스타트업은 아무래도 인적자원이 매우 제한적인데, 문의가 폭발적으로 증가했을 때 대처하기 위해 미리 숙지를 하는 과정이 필요했습니다. 회사의 재무 상태, 비전, 현재 프로젝트 진행 상황, 다음 프로젝트의 비전 등을 상세히 문의하는 투자자도 많아 최근 입사한 직원이 답변하기 어려운 내용이 많았죠. 아무래도 회사 전반의 내용을 잘 알고 있는 팀원이 어려운 질문을 주로 처리했는데 모든 팀원이 회사 전반의 내용을 숙지하는 데 한계가 있기 때문에 몇몇 팀원에게 문의가 집중됐죠. 이를 해결하기 위해 자주 묻는 질문을 파악하고 매뉴얼을 작성해 대응했습니다.

Q 크라우드 펀딩 진행 중 특히 기억에 남는 후원자나 에피소드가 있나요?

저희 팀에는 대기업에서 재직하다 스타트업으로 이직한 사람이 많았는데 투자자들이 이런 팀원의 스토리까지 읽어보고 스타트업으로 이직한 용기를 응원해줬습니다. 투자할 회사에 대해서만 관심을 가질 줄 알았는데, 팀원까지 살펴보는 마음에 감동했습니다.

Q 크라우드 펀딩에 성공할 수 있었던 이유가 무엇이라 생각하나요?

B2C 서비스를 하고 있기 때문에 기존 고객과의 유대 관계가 중요하다고 생각합니다. 기존 고객들이 주주가 되고 싶다고 한 것은 크라우드펀딩 시작 전 좋은 신호였다고 생각합니다. 또한 크라우드 펀딩을 진행한다는 콘텐츠를 만들어 저희 자체 채널을 통해 수회 배포했습니다. 저희 자체 채널에 팔로워가 수천 명 이상 계신 상태였기 때문에 홍보에 도움이 많이 됐습니다.

Q 펀딩 진행자의 입장에서 크라우드 펀딩이 구체적으로 어떤 도움이 됐나요?

저희 팀은 국내 최초로 크라우드 펀딩 상한액이 15억 원일 때 최초로 15억 원을 모두 채웠습니다. 한도 증가 이후 첫 사례라 그런지 실제로 기업 PR에 많은 도움이 됐습니다. 그리고 주주가 되신 분이 다시 고객이 되시기도 하면서 서비스를 널리 알리는 데 많은 도움을 얻고 있습니다.

Q 크라우드 펀딩 종료 후 달라진 점이 있다면?

우선 자신감이 생겼습니다. 과거에는 주로 엔젤 투자를 통해 투자를 유치했습니다. 엔젤 투자는 대부분 지인을 통해 이뤄지기 때문에 시장에서 좋은 평가를 받는지를 잘 알지 못합니다. 그러나 크라우드 펀딩을 성공적으로 마치면서 '우리도 할 수 있다'라는 자신감이 생겼습니다.

Q 이 책의 제목처럼 '진짜' 크라우드 펀딩으로 돈을 벌 수 있나요?

네, 벌 수 있습니다. 저희가 크라우드 펀딩을 진행했던 2019년 초의 기업 가치는 150억 원이었습니다. 2020년 12월 기준으로 기관에서 시리즈 A 투자를 통해 38억 원을 유치했고 크라우드 펀딩에 참여한 후원자는 약 2배에 달하는 평가 차익이 발생했습니다. 비상장 주식 매도가 어려운 부분이 있긴 하지만, 좋은 기업을 판단할 수 있는 안목만 있다면 좋은 선택이 될 것입니다.

CROWD FUNDING

06

크라우드 펀딩
준비하기

크라우드 펀딩을 시작하기 전에 내 아이디어가 크라우드 펀딩에 적합한지 점검해봐야 하는데요. '적합하다.'는 의미는 아이디어의 좋고 나쁨을 뜻하는 것이 아니라 아이디어가 크라우드 펀딩에 어울리는 주제인지, 크라우드 펀딩에 도전해도 좋은 단계인지 파악하는 것을 말합니다.

어떤 주제로 펀딩을 받을까?

크라우드 펀딩은 개발 자금이 필요하다면 어떤 프로젝트라도 진행할 수 있습니다. 다른 진행자는 무엇을 목적으로 자금을 모으는지, 그리고 어떤 프로젝트를 진행하고 있는지 살펴보면 아이디어를 떠올리는 데 도움이 됩니다.

지금 텀블벅, 와디즈 등의 크라우드 펀딩 플랫폼을 확인해보면 매우 다양한 주제의 크라우드 펀딩 프로젝트가 진행되고 있다는 것을 확인할 수 있습니다. 여러 프로젝트가 있지만 자금을 모으는 목적은 주제별로 비슷합니다. 다른 진행자는 어떤 목적으로 자금을 모으는지 이미 등록된 프로젝트에서 아이디어를 얻는 것도 좋은 방법입니다. 대표적인 몇 가지 유형을 살펴보면 다음과 같습니다.

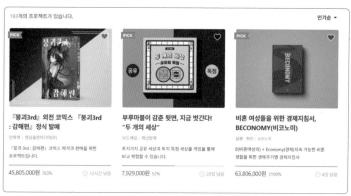

다양한 주제의 프로젝트(출처: 텀블벅)

🎮 게임

- **게임 개발비**: 게임 개발 및 제작에 필요한 비용 조달
- **리마스터 버전 제작**: 오래전에 출시된 게임을 새롭게 제작하기 위한 비용 조달
- **추가 콘텐츠 제작**: 기존 게임의 추가 콘텐츠 제작 비용 조달
- **한국어 버전 제작**: 다른 언어로 제작된 게임의 한글화 작업 비용 조달
- **가이드북 제작**: 게임에 관한 설정과 안내 등을 담은 가이드북 제작 비용 조달
- **OST 제작**: 게임 배경 음악 제작에 필요한 비용 조달

🎭 공연

- **뮤지컬 제작비**: 인건비, 대관비 등이 포함된 제작비 조달
- **공연**: 콘서트, 정기 공연, 댄스 페스티벌 등 공연 제작비 조달
- **연극**: 창작극, 전통극 등 연극 제작에 필요한 자금 조달

📖 출판

- **단행본**: 웹툰, 웹소설, 단편집, 에세이 등 단행본 제작 비용 조달
- **독립 출판**: 개인의 이야기나 소설, 에세이 등의 제작 비용 조달

📄 PDF 출판

- 개인의 경험, 노하우 등이 담긴 실용 지식을 담은 PDF 출판 제작비 도달
- 레시피북(요리법), 아트북(이미지, 그림), 잡지(창간호, 한국어판, 기념호) 등

🎬 영화·영상 제작비

- **후반 작업비**: 영화 카테고리에서 가장 많은 사례, 보정, 보충 작업 등을 위한 작업비 조달
- **에피소드**: 특정 시즌, 개별 에피소드 제작비 조달
- **블루레이 / DVD**: 기존 영상의 소장용 블루레이, DVD 제작 비용 조달
- **상영관 대관**: 완성된 영상의 상영을 위한 상영관 대관 비용 조달

🎵 음악

- **앨범**: 정규 앨범, 싱글, 컴필레이션, EP, OST 앨범 등의 제작 비용 조달
- **뮤직 비디오**: 뮤직 비디오 제작 비용 조달
- **LP 제작**: 기존 앨범의 LP 음반 제작 비용 조달

🎵 제품

- **양산비**: 시제품 개발 후 양산에 필요한 자금의 일부 또는 전부 조달
- **업그레이드**: 기존 제품의 성능 또는 디자인을 업그레이드하기 위한 개발비 조달

🎵 패션

- **기념**: 특정일이나 인물을 기념하기 위한 패션 아이템 제작 비용 조달
- **브랜드 론칭**: 신규 브랜드 론칭 비용 조달

🎵 공익

- **수익금 일부 기부**: 리워드 수익금 일부를 지정 단체에 기부
- **캠페인 진행비**: 캠페인 실행 비용 마련
- **캠페인용 제품 제작**: 위안부 후원 팔찌와 같이 캠페인의 의미를 담은 제품 제작 비용 조달
- **1+1**: 리워드 하나를 구매하면 하나를 지정 단체나 개인에게 기부

지금이 적합한 단계인가?

크라우드 펀딩을 시작하기 적합한 단계는 프로젝트의 아이디어가 상당 부분 정리돼 있어 자금만 있다면 바로 실행할 수 있을 때입니다. 제품의 경우 작동할 수 있는 시제품까지 제작돼 상세페이지에서 실제 사용하는 모습을 보여줄 수 있을 때가 가장 좋습니다. 그래야만 후원자에게 믿음을 줄 수 있고 설사 펀딩에 실패하더라도 시제품 단계는 양산 단계보다 비용 부담이 적고 제품을 개선할 수 있는 여지가 있기 때문입니다.

🎛 후원자가 최종 결과물을 예상할 수 있을까?

앞서 말씀드린 것처럼 제품은 양산을 하기 전 시제품 단계에서 펀딩을 시도하는 것을 권장했지만 무형의 콘텐츠와 같이 시제품 개념이 없는 분야에서는 크라우드 펀딩 시작 시점이 여전히 고민일 수 있습니다. 제품을 시제품 단계에서 펀딩하는 본질적인 이유는 자금 조달 목적과 더불어 예상 가능한 최종 결과물을 제안할 수 있기 때문입니다. 이와 마찬가지로 콘텐츠에서도 대중이 최종 결과물을 예상할 수 있는 시점에 공개하는 것이 좋습니다.

'가요의 전설 재즈로 호출하다, 말로 <송창식 송북>'은 재즈 아티스트인 말로가 한국 대중 음악의 전설 송창식에게 바치는 헌정 앨범을 제작하는 프로젝트입니다. 이 프로젝트를 소개하는 상세페이지에서는 수록 예정인 음원의 트랙리스트와 예상 LP 시안 이미지를 볼 수 있어 어떤 앨범이 제작되는지 충분히 예상할 수 있습니다.

'가요의 전설 재즈로 호출하다, 말로 <송창식 송북>' 프로젝트(출처: 텀블벅)

이렇게 음악 앨범을 제작하는 프로젝트의 경우 앨범의 전체 콘셉트가 정해지고 수록곡의 일부가 녹음돼 후원자가 어떤 앨범이 제작되는지 예상할 수 있는 시점에 시도해볼 수 있습니다.

🎛️ 시작을 함께할 커뮤니티가 있는가?

커뮤니티의 구성원이 프로젝트의 든든한 선발대이자 홍보 대사가 돼주기 때문에 펀딩 시작 전 커뮤니티 구축은 필수입니다. 특히 내부 커뮤니티를 표현하기 위해 '3F' 또는 '이너써클'이라는 개념을 사용하기도 합니다. 3F는 'Family', 'Friend', 'Fan'의 약자로, 쉽게 말해 직접 소통할 수 있고, 나에게 가장 가까운 사람들을 지칭합니다. 이너써클도 이와 비슷한 맥락으로 생각하시면 됩니다. 프로젝트 준비는 내부 커뮤니티에서부터 구축하고 홍보해야 한다고 이야기하면, "결국 지인 장사, 팬 장사를 하라는 것 아니냐."라는 부정적인 반응을 보이는 경우가 있기도 합니다. 하지만 지인 장사와 내부 커뮤니티 확보는 전혀 다른 이야기입니다.

커뮤니티 구축이 중요한 이유는 아이디어와 작업 과정에 대한 피드백 때문입니다. 제품이든, 콘텐츠든 결국 펀딩은 작은 아이디어에서부터 크라우드 시작됩니다. 시간과 노력, 돈을 들여 '짜잔!' 하고 결과물이 만들었을 때 사람들이 돈을 내고서라도 갖고 싶을 만큼의 좋은 결과물이 나올 것이라는 생각은 이뤄질 확률이 매우 낮은 희망사항입니다. 혼자 즐기기 위해 만드는 것이라면 이런 방법도 괜찮겠지만 펀딩을 통해 결과물을 완성할 생각이라면 개발 과정에서의 피드백은 선택이 아닌 필수입니다.

프로젝트가 진척을 보일 때마다 친구, 동료, 팬, 팔로워 등 여러분의 작업 과정을 지켜보는 사람들에게 꾸준히 알리고 피드백을 받아 보완하세요. 이를 통해 제3자의 객관적인 시선으로 내 프로젝트를 볼 수 있고 개선할 수 있습니다. 그리고 이런 과정을 통해 나를 응원하는 사람들이 늘어나고, 결국 펀딩을 올리는 시점에서 이들이 든든한 우군이 돼줍니다.

콘텐츠, 창작 분야에서는 아마추어 진행자의 프로젝트가 기업이 준비한 프로젝트보다 더 큰 성과를 내는 경우를 종종 볼 수 있습니다. 심지어 광고비도 쓰지 않고도 말이죠. 이런 아마추어 진행자는 본인의 활동을 SNS나 연재 플랫폼을 통해 꾸준히 노출해 세계관이나 감성 등을 팬과 공유합니다. 다수가 아니더라도 이 감성을 좋아하고 생각에 공감하는 사람들이 깊은 충성도를 갖게 되므로 펀딩을 진행했을 때도 든든한 내부 커뮤니티의 선발대로서 적극적으로 참여합니다. 이렇게 되면, 따로 돈을 들여 광고나 홍보를 집행하지 않더라도 프로젝트를 크게 성공시킬 수 있게 됩니다.

꾸준한 작품 활동이 중요한 콘텐츠 분야라면 이 방식이 효과적입니다. 일러스트 분야를 예로 들어보겠습니다. 일러스트 작가는 주로 포트폴리오를 공유하기 위해 홈페이지를 만들거나 SNS 채널을 운영합니다. 최근에는 인스타그램을 통해 꾸준히 소통하고 있습니다. 해당 SNS 채널을 통해 습작 또는 본 작품을 지속적으로 업로드해 내 작품을 좋아해주는 사람들을 모으고 소통합니다. 꾸준히 작품 활동을 하면서 일러스트를 활용해 독특한 상품을 제작하거나 아트북을 만드는 크라우드 펀딩 프로젝트를 진행합니다. 그럼 평소 작가를 팔로우하고 있던 팬이 적극적으로 펀딩에 참여하며, 리트윗, 공유 등을 통해 같은 관심을 가진 다른 사람에게 알리면서 자연스러운 홍보가 이뤄지는 방식입니다. 웹툰, 웹소설 등 콘텐츠를 연재하는 분야에서는 거의 같은 구조로 전파됩니다.

그럼 이렇게 연재 콘텐츠를 이어나가기 어려운 제품 카테고리에서는 어떻게 커뮤니티를 구축해야 할까요? 가장 먼저 시도해볼 수 있는 방법은 '체험' 콘텐츠입니다. 제품이라면 시제품이나 시제품 목적으로 만든 초도 물량이 있을 텐데요. 사람들을 모아 시제품을 체험해볼 수 있도록 하는 것입니다. 체험단은 그 자체로도 훌륭한 콘텐츠가 되며, 예비 고객의 피드백을 실시간으로 확인할 수 있기 때문에 제품 보완에도 큰 도움이 됩니다. 주의해야 할 점은 꼭 체험 고객에게 꼭 펀딩 예정이라는 것을 알리고, 제품 소식과 펀딩 오픈 시 연락할 수 있는 이메일 등의 컨택포인트를 받아야 한다는 것입니다.

이와 비슷한 맥락으로 박람회에 참석하는 방법이 있습니다. 박람회나 전시회를 가보면 종종 언제, 어느 플랫폼에서 '크라우드 펀딩 론칭 예정'이라 쓰여 있는 팻말을 본 경험이 있을 것입니다. 박람회는 많은 사람에게 제품을 선보이고, 관심 있어 하는 사람의 컨택포인트를 얻을 수 있는 가장 효과적인 곳 중 하나입니다.

또한 제품의 특성상 특정 팬만을 타깃으로 펀딩을 하지 않기 때문에 유료 SNS 광고 등도 적극 활용하면 효과적일 수 있습니다. 랜딩 페이지를 제작하거나 오픈 예정 페이지에 유료 광고를 집행해 관심 있는 사람을 사전에 모을 수 있습니다. 다만 이렇게 모으기만 해서는 커뮤니티의 역할을 기대하긴 힘들기 때문에 꾸준히 제품의 소식을 전하고 피드백을 받으려는 노력이 필요합니다.

팀 구성, 혼자보다는 팀이 유리하다

크라우드 펀딩 프로젝트는 혼자서도 등록할 수 있지만, 팀원은 많을수록 유리합니다. 팀을 구성하지 못하더라도 도움을 요청할 사람을 미리 생각해두는 것이 좋습니다.

'백지장도 맞들면 낫다.'라는 속담은 크라우드 펀딩에도 적용됩니다. 어떤 일을 할 때 한 사람보다는 두 사람, 두 사람보다는 세 사람이 힘을 합치는 것이 좋습니다. 크라우드 펀딩도 이와 마찬가지인데요. 막상 프로젝트를 시작하면 생각보다 해야 할 일이 많습니다. 상세페이지 기획, 이미지, 영상 제작, 마케팅, 운영 등을 하려면 가능한 한 팀을 구성해 프로젝트를 시작하길 추천합니다.

팀을 구성해 프로젝트를 시작할 때 좋은 또 한 가지 이유는 초기 후원자를 많이 확보할 수 있다는 것입니다. 한 사람의 네트워크에 있는 10명의 후원자로부터 펀딩받을 수 있다면 팀원이 3명일 경우 각각 10명씩 30명의 후원자를 확보할 수 있기 때문입니다. 초반에 많은 후원을 받기 위해서라도 가능한 한 팀을 구성해 프로젝트를 진행하는 것이 좋습니다. 팀을 구성했을 때 팀원 간 서로 시너지를 낼 수 있어야 하는데, 이번에는 팀을 어떻게 구성하면 효과적일지 살펴보겠습니다.

🎛️ 기획자

기획자는 프로젝트 전체를 설계하고 운영하는 업무를 맡습니다. 프로젝트의 일정을 조율하고 사전에 준비해야 할 것들을 챙깁니다. 기획자는 프로젝트 신청과 보완 사항, 필수 서류 구비, 플랫폼 운영 담당자와의 소통 등 프로젝트 전반을 이끌어 나가며, 프로젝트를 오픈한 이후에는 후원자의 질의에 응답하고 소통하는 업무도 맡게 됩니다. 프로젝트 종료 이후 리워드 제작과 배송에도 관여하는 등 프로젝트 전반을 끌고 나가는 프로젝트 매니저의 역할을 합니다.

🎮 전문가

전문가라고 표현하니 어색할 수도 있지만, 전문가는 '프로젝트에 대한 전문적인 지식을 갖고 있는 사람'을 의미합니다. 전문가는 엔지니어 또는 사업체의 대표가 될 수도 있습니다. 전문적인 지식을 보유하고 날카로운 질문을 던지는 후원자가 있다면 기획자보다 전문가가 답변할 수 있도록 해야 합니다.

🎮 마케터

마케터는 사전 마케팅, 오픈 마케팅, 마감 후 마케팅에 이르기까지 전반에 걸쳐 마케팅을 기획하고 실행합니다. 사전 마케팅 단계에서는 잠재 후원자를 발굴하고 모으는 작업을 하고 오픈 후에는 각종 이벤트와 홍보를 합니다. 필요한 경우 유료 광고 등을 집행할 수도 있죠. 마감 후에는 후원자와 소통하며 인증, 후기 이벤트 또는 설문 조사 등을 통해 프로젝트를 개선할 수 있는 아이디어를 모으는 역할을 합니다.

🎮 디자이너

디자이너는 필수 팀원입니다. 디자이너는 상세페이지 내용을 보기 좋게 디자인하거나 제품을 제작할 때도 필요하므로 만약 디자이너가 없다면 지인에게 부탁하거나 프리랜서를 고용해서라도 반드시 팀에 포함시켜야 합니다.

🎮 영상/이미지 제작자

영상을 반드시 제작해야 하는 것은 아니지만, 영상을 제작하면 후원자에게 프로젝트를 각인시키기 좋으며 홍보를 할 때도 많은 도움이 됩니다. 하지만 투자비용이 만만치 않기 때문에 여건이 될 때 제작하는 것을 추천합니다. 하지만 한번 제작한 영상은 계속 사용할 수 있기 때문에 장기적으로 보면 영상을 제작하는 것이 더 이익일 수도 있습니다.

이미지 제작자도 필수 팀원입니다. 제품뿐 아니라 공익 캠페인이나 서비스를 제공하는 프로젝트도 이미지 촬영은 반드시 필요합니다. 이미지 촬영은 꼭 고급 장비를 사용하지 않더라도 핸드폰이나 DSLR 카메라로 촬영한 후 보정해도 충분합니다. 디자이너가 팀원이라면 더욱 쉽게 보정할 수 있겠죠?

내 프로젝트에 가장 적합한 플랫폼은?

크라우드 펀딩 플랫폼이 모두 비슷한 것 같지만 각각 특화된 분야나 성향이 분명합니다. 이는 곧 후원자가 주로 펀딩하는 프로젝트의 성향과도 연결됩니다. 그렇기 때문에 내 프로젝트와 가장 성향이 맞는 플랫폼에서 진행해야 효과적입니다.

각 플랫폼의 성향을 파악하는 데 가장 좋은 방법은 플랫폼의 카테고리와 프로젝트를 살펴보는 것입니다. 다음은 각 플랫폼의 카테고리를 기준으로 선별한 키워드입니다.

플랫폼	키워드	카테고리
텀블벅	창작, 콘텐츠, 예술, 리워드	게임, 공연, 디자인, 만화, 예술, 공예, 사진, 영화·비디오, 푸드, 음악, 출판, 테크, 패션, 저널리즘
와디즈	테크, 제품, 리워드, 투자	테크·가전, 패션·잡화, 뷰티, 푸드, 홈리빙, 디자인 소품, 여행·레저, 스포츠, 모빌리티, 반려동물, 모임, 공연·컬처, 소셜·캠페인, 교육·키즈, 게임·취미, 출판, 기부·후원
크라우디	테크, 제품, 리워드, 투자	구분 없음
해피빈 공감펀딩	공익, 소셜 벤처, 사회적 가치	구분 없음
오마이컴퍼니	소셜 벤처, 사회적 기업, 투자	공간·리빙, 사회 이슈, 교육·출판, 문화예술, 지역 재생, 푸드, 테크, 뷰티·패션, 여행

위 분류를 기준으로 플랫폼별 성향을 분류하면 다음과 같습니다.

- **창작, 예술 프로젝트**: 텀블벅, 해피빈 공감펀딩
- **20대, 여성의 후원자**: 텀블벅
- **테크, 제품 프로젝트**: 와디즈, 크라우디

- **30대, 남성의 후원자**: 와디즈, 크라우디
- **공익, 소셜 프로젝트**: 해피빈 공감펀딩, 오마이컴퍼니

여러 플랫폼 사이에서도 겹치는 카테고리가 많아 어느 쪽을 해도 무방한 경우가 있습니다. 이럴 때는 등록된 프로젝트를 검색해 나와 유사한 프로젝트가 많고 성공률이 높은 곳을 선택하는 것이 좋습니다. 또한 플랫폼마다 수수료에 차이가 있지만 그 차이가 크진 않습니다. 물론 1~2%라도 수수료는 중요하지만, 이보다 중요한 것은 성공할 수 있는 곳에서 시작하는 것이므로 수수료보다는 진행하고자 하는 프로젝트에 가장 적합한 플랫폼을 첫 번째 기준으로 삼아 선택하는 것을 추천합니다.

인증 서류

크라우드 펀딩은 아직 정식 유통되기 전의 제품이 많은 만큼 리워드에 관한 각종 인증 서류를 제출해야 합니다.

플랫폼마다 요구하는 인증 서류에는 약간씩 차이가 있으며 프로젝트별로도 필요한 인증 서류가 다릅니다. 하지만 플랫폼이나 프로젝트와 관계없이 필수로 제출해야 하는 공통 서류가 있습니다. 만약 상세페이지에서 리워드의 기능이나 효능, 특허 등의 내용을 언급한다면 이것을 증명할 수 있는 관련 검사증이나 특허등록증 등을 빠짐없이 제출해야 합니다. 여기서는 국내에서 가장 규모가 큰 텀블벅과 와디즈에 필요한 서류를 알아보겠습니다.

텀블벅 필요 서류

텀블벅은 기본적으로 공통 서류와 프로젝트별 서류가 필요합니다. 공통 서류는 프로젝트 제목, 스토리텔링, 제품명, 광고 문구와 리워드의 기능, 효능, 특허 등의 내용을 작성했을 경우 해당 내용을 입증하는 증빙 자료로, 특허증, 인증서, 시험성적서, SCI 논문 등이 있습니다. 이와 별도로 다음 카테고리에 해당하는 리워드가 있는 경우에는 프로젝트별로 확인해야 합니다.

- 생활가전 및 생활제품
- 생활화학제품(방향제, 탈취제, 캔들, 세제 등)
- 화장품
- 신선식품(농·수산물)
- 가공식품
- 건강기능식품
- 출판
- 의약외품

- 게임, 애플리케이션, 소프트웨어
- 영·유아제품

각 프로젝트별 서류는 텀블벅 홈페이지 하단의 [헬프 센터] - [창작자 센터] - [텀블벅에 프로젝트 올리기]를 차례대로 선택하면 표시되는 화면에서 분야별 제출 서류를 확인할 수 있습니다. 찾기 단축키([Ctrl]+[F])를 이용하면 원하는 항목을 빠르게 찾을 수 있습니다.

공개 검토 단계에서 서류 제출이 필요한 선물의 종류

각 선물 유형을 클릭하시면 제출 서류 이외에 준비하셔야 할 사항들을 확인하실 수 있습니다. :)

1. 분야 공통

- 프로젝트 제목, 스토리텔링, 제품명, 광고 문구에 리워드의 기능, 효능, 특허 등의 내용을 작성하였을 경우 해당 내용을 입증하는 증빙자료 (증빙자료는 특허증, 인증서, 시험성적서, SCI 논문만 가능)

2. 생활가전 및 생활제품

- 생활가전 제품의 경우 관련 제품안전인증서(KC)
- 방송통신기자재의 경우 적합등록필증
- 생활제품 중 안전인증 시험 의무 있는 제품의 경우 관련 제품안전인증서(KC)
  - 위 서류를 제출하지 않아도 되는 경우(일부에 해당) : 산업통상자원부 제품안전정보센터(http://safetykorea.kr/) 에 직접 문의

텀블벅 필요 서류(출처: 텀블벅)

와디즈 필요 서류

와디즈는 기본적으로 공통 서류, 리워드별 제출 서류, 추가 서류가 필요합니다. 공통 서류에 프로젝트의 상세페이지에 제공할 리워드의 기능, 효과, 특허 등의 내용을 작성했다면 해당 내용을 증명할 수 있는 자료에는 특허증, 인증서, 시험 성적서, 계약서 등이 있으며 프로젝트를 등록하는 시점에 인증받지 못한 경우나 신청 중인 경우에는 등록이 안 되기 때문에 인증서를 미리 준비해야 합니다.

제공할 리워드가 아래 15개의 항목에 해당하는 경우에는 리워드별 제출 서류가 필요합니다. 필요 서류에 대한 자세한 내용은 와디즈 홈페이지 상단의 [더보기] - [이용 가이드]를 차례대로 선택하면 표시되는 검색창에서 '서류'를 검색하면

확인할 수 있습니다.

- 테크 - HW
- 테크 - SW(앱/웹 서비스 이용권 등)
- 테크 - HW+SW
- 화장품
- 의약외품
- 디자인 제품(디자인 소품, 패션, 잡화, 액세서리 등)
- 디퓨저, 향초 등 위해가 우려되는 제품
- 가공식품
- 건강기능식품
- 신선식품
- 문화(공연/영화 등)
- 출판
- 의료 기기

와디즈 이용 가이드(출처: 와디즈)

텀블벅과 와디즈는 국내 대표 크라우드 펀딩 플랫폼으로, 이 두 곳에 필요한 서류를 준비했다면 다른 플랫폼에서 프로젝트를 진행하더라도 큰 어려움은 없을 것입니다.

배송 방법 및 AS 계획

배송은 프로젝트가 성공한 이후에 이뤄지는 작업이기 때문에 놓치기 쉬운 부분입니다. 그렇기 때문에 정작 리워드를 배송해야 할 상황에서 미처 생각하지 못한 변수로 스트레스를 받는 경우가 많지요. 배송 계획을 어떻게 세워야 발생할 수 있는 문제를 예방할 수 있는지 알아보겠습니다.

배송 방법은 리워드의 형태에 따라 달라집니다. 현물 상품의 경우 택배, 우편, 등기, 직접 배달 중 어떤 방법으로 배송할지 그리고 배송이 필요하지 않은 디지털 파일의 경우 어떤 방법으로 전달할지(메일, 클라우드 서비스 등) 등을 알리면 됩니다.

예상 발송일의 경우 후원자가 리워드를 '수령하는 날짜'가 아니라 '보내는 날짜'를 기준으로 알려야 합니다. 또한 제주도나 산간 지역과 같이 배송이 어려운 지역의 경우, 추가 배송비가 발생하기 때문에 이에 대한 공지가 필요합니다.

배송비를 받는 데에는 두 가지 방법이 있습니다. 첫 번째는 리워드 선택 시 추가 금액을 입력할 수 있도록 하는 것인데, 이때 알아둬야 할 것은 추가된 배송비까지 포함해 플랫폼 수수료가 책정된다는 것입니다. 두 번째는 프로젝트를 마감한 후 직접 후원자에게 연락해 추가 요금을 입금받는 것입니다. 두 가지 방법 모두 장단점이 있기 때문에 적절한 방법을 선택하면 됩니다.

15,000원 +

창간호 세트(배송비 포함)
· 물결 창간호 (x 1)
· 후원자명 기재 (x 1)

입력 : 지하철 광고에 올라갈 이름 혹은 닉네임을 기입해주세요.(이모지, 특수문자 불가)

예상 전달일 : 2020년 12월 21일

54,000원 펀딩

[얼리버드-커플] 2SET

제품본체 2 + 충전케이블 2

배송비
2,500원

리워드 발송 시작일
2020년 12월 초 (1~10일) 예정

제한수량 500개   현재 500개 남음!

총 0개 펀딩완료

텀블벅과 와디즈의 리워드 카드(출처: 텀블벅, 와디즈)

이외에 예상하지 못한 후원자의 문의를 처리하기 위해 배송과 관련해 후원자가 연락할 수 있는 창구를 미리 안내해야 합니다. 보통 문의 창구로는 공식 메일, 카카오 채널 등이 있습니다.

리워드 배송은 생각보다 많은 시간과 노력이 필요한 작업입니다. 리워드가 여러 개인 경우 제작 일정이 다르기 때문에 각기 생산이 완료된 리워드를 모아 포장할 때까지 안전하게 보관할 장소가 필요합니다. 더욱이 리워드별 구성이 다르면 포장도 따로 해야 하며, 만약 배송 후 파손이나 분실 등의 문제가 발생하면 더욱 곤란하겠죠.

 잠깐만요 **크라우드 펀딩 배송 서비스**

크라우드 펀딩에 특화된 배송 서비스를 제공하는 물류 업체가 있습니다. 물론 일반 택배를 이용하는 것보다 비용은 좀 더 비싸지만, 보관, 포장, 배송, 고객 응대까지 한 번에 처리할 수 있기 때문에 노력 대비 효용을 생각하면 감내할 수 있는 정도입니다.

두윙(https://www.do-wing.com/)

FSS(https://www.fssuniverse.com/)

🎁 교환·환불·AS 정책

크라우드 펀딩의 특성상 리워드 생산 계획이나 발송 일정이 예정보다 늦어지는 등의 상황이 발생할 수 있습니다. 따라서 후원자에게 이런 상황을 어떻게 처리할 것인지 알려줌으로써 신뢰감을 주는 것이 중요합니다. 이번에는 교환·환불·AS 정책을 알아보겠습니다.

플랫폼마다 형식은 다르지만 교환·환불·AS 정책과 관련해 필수적으로 알려야 하는 내용은 거의 같습니다. 텀블벅의 경우 별도의 템플릿을 지원하기 때문에 프로젝트의 성격에 맞게 수정해 사용하면 됩니다. 텀블벅의 환불 및 교환 정책 템플릿은 [프로젝트 만들기]의 [펀딩 및 선물 구성] 탭에서 확인할 수 있습니다.

환불 및 교환 정책

펀딩 마감 후의 환불 및 교환 요청은 창작자가 약속하는 아래 정책에 따릅니다. 이는 후원자의 불만 또는 분쟁 발생시 중요한 기준이 되니, 신중히 작성해 주세요.
[　　]안의 예시 문구를 프로젝트에 적합한 내용으로 변경해주세요. (환불 및 교환 정책 작성 가이드 확인하기)
• '모든 프로젝트 공통' 내용은 필수로 적어주세요.
• '배송 필요 선물' '현장수령 선물' '디지털 콘텐츠 선물' 내용들은 이번 프로젝트에 해당되는 사항안 골라 작성해 주세요.
• 후원자의 단순 변심, 제품의 파손 및 불량, 창작자의 예기치 못한 선물 실행 지연 등 다양한 상황을 고려하여 내용을 작성해 주세요.

공연/행사 등 현장수령으로 이루어지는 선물

- 행사 참가권은 타인에게 양도가 [가능 / 불가능]합니다.

- 현장에서 수령해야 하는 선물을 수령하지 못하신 경우 환불은 [가능 / 불가능]하며, 선물 배송을 위한 추가 배송비

를 별도 요청드릴 수 있습니다.

디지털 콘텐츠로 이뤄진 선물

- 전달된 파일에 심각한 결함이나 저작권상 문제가 있을 경우, 수수료 [포함 / 제외]하여 환불 가능합니다.

- 전달된 파일은 타인에게 양도가 [가능 / 불가능]합니다.

텀블벅의 교환 · 환불 · AS 정책(출처: 텀블벅)

와디즈의 경우, 펀딩금 반환 제도를 운영하고 있어 해당 내용이 상세페이지의 [펀딩안내] 탭에 자동으로 삽입되며 변경이 불가능합니다. 펀딩금 환불에 대한 자세한 내용은 와디즈 홈페이지 상단의 [더보기] – [이용 가이드]를 차례대로 선택하면 표시되는 검색창에서 '펀딩금 반환 정책'으로 검색하면 확인할 수 있습니다.

와디즈의 교환 · 환불 · AS 정책(출처: 와디즈)

프로젝트가 플랫폼과 관계없이 진행 중일 때는 후원자가 플랫폼에서 직접 결제를 취소할 수 있지만, 프로젝트가 마감된 후 정산받은 경우에는 환불 책임이 프로젝트 진행자에게 있습니다.

만약, 후원자가 프로젝트 마감 후 플랫폼에 환불 요청을 하게 되더라도 이미 진행자에게 후원금이 전달된 후이기 때문에 환불해줄 수 있는 방법이 없습니다. 이때는 진행자가 직접 후원자와 소통해 환불 또는 교환 처리를 해야 합니다. 그렇기 때문에 리워드 발송 계획과 일정을 꼼꼼히 세우고 혹시 변동이 있을 때는 후원자와 소통해 오해가 생기지 않도록 해야 합니다.

프로젝트 닷

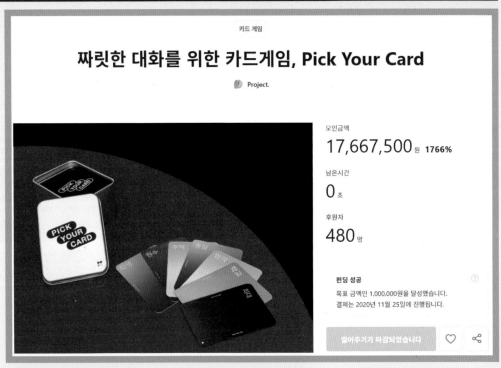

카드 게임

짜릿한 대화를 위한 카드게임, Pick Your Card

Project.

모인금액
17,667,500 원 **1766%**

남은시간
0 초

후원자
480 명

펀딩 성공
목표 금액인 1,000,000원을 달성했습니다.
결제는 2020년 11월 25일에 진행됩니다.

밀어주기가 마감되었습니다

Pick Your Card 프로젝트(출처: 텀블벅)

Q **인터뷰에 앞서 간단한 소개 부탁드립니다.**

프로젝트 닷을 이끌고 있는 이해봄입니다. 프로젝트 닷은 4명의 친구들이 모여 삶의 방점을 찍을 수 있는 다양한 프로젝트를 진행해보는 사이드 프로젝트 팀입니다.

해봄   다람   샐리   이네

Q 왜 '크라우드 펀딩'이었나요? 크라우드 펀딩을 진행하게 된 계기가 무엇인가요?

아이디어를 검증받기 좋은 방식이라고 생각했습니다. 사이드 프로젝트는 보통 작은 아이디어에서 시작되는데, 그 작은 아이디어를 검증받고 실현하기 위한 자본금까지 확보할 수 있는 가장 좋은 수단이라고 생각했습니다. 보통 사업을 하거나 아이디어를 실현하려면 금전적인 비용이 따를 수밖에 없는데, 크라우드 펀딩은 그런 금전적인 비용을 확보하는데 좋은 방법이자 아이디어가 사람들의 마음을 움직일 수 있는지 검증하는 데 최적화돼 있다고 생각합니다.

Q 크라우드 펀딩을 준비하는 분들에게 꼭 전하고 싶은 노하우나 꿀팁이 있나요?

크라우드 펀딩에서 가장 중요하다고 느낀 것은, '스토리'였습니다. 단순히 제품의 기능이나 특성을 설명하는 것이 아니라 제품을 어떻게 만들었고 왜 만들었는지 잘 설명하는 것이 크라우드 펀딩에 가장 중요한 부분이라고 생각합니다. 왜냐하면 크라우드 펀딩은 그냥 물건을 파는 것이 아닌 우리의 제품에 사람들이 투자하게 만들고 함께 만들어간다는 느낌을 전하는 게 가장 중요하기 때문입니다.

Q 펀딩 과정 중 힘들었던 점, 아쉬웠던 점, 미처 생각하지 못해 당황스러웠던 점이 있었나요? 만약 있었다면 어떻게 해결하셨나요?

생각보다 펀딩 기간이 끝나고도 펀딩에 참여하고 리워드를 받고 싶어 하시는 분들이 많았습니다. 펀딩이 끝이 아니라 펀딩 이후에도 우리 리워드를 원하시는 분들에게 어떻게 리워드를 드려야 할지에 대한 고민이 있었습니다. 크라우드 펀딩 이후에 제품을 어떻게 상용화하고 지속적으로 판매, 유통할지에 대한 고민을 미리 할 수 있었다면 좋았을 것이라는 생각이 들었습니다. 크라우드 펀딩으로 충분한 가능성을 발견했고, 이것을 더 많은 분께 보여드리고 싶어 제품을 양산하는 것에 대해서도 고민하고 있습니다. 크라우드 펀딩이 끝났더라도 새로운 시작에 대해 미리 고민을 하면 더 좋을 것 같습니다.

Q 크라우드 펀딩 진행 중 특히 기억에 남는 후원자나 에피소드가 있나요?

저희 픽 유어 카드를 사용하시고 소개팅에 성공한 분이 계셔서 무척 인상 깊었습니다. 저희도 제품을 만들었지만, 소개팅에 사용할 것이라고는 생각하지 못했습니다. 그런데 결과까지 좋아서 두번째 펀딩 때 이용 후기로 적극 사용했습니다.

Q 추천하는 크라우드 펀딩 플랫폼이 있나요? 추천 이유도 알려주세요.

하고싶은 펀딩에 따라 다를 것 같습니다. 2030 여성분들을 타깃으로 하거나 서브컬처 또는 수공예품의 경우 텀블벅이 이용자나 플랫폼 핏이 맞다고 생각하고, 가젯이나 기능성 제품들은 와디즈에서 강세를 보이는 것 같습니다. 와디즈는 다른 플랫폼에 비해 규모가 월등히 크기 때문에 가장 보편적인 플랫폼이라고 생각합니다.

Q 크라우드 펀딩에 성공할 수 있었던 이유가 무엇이라 생각하나요?

사람들에게 공감과 필요를 이끌어냈기 때문이라고 생각합니다. 대화라는 것은 모두가 하고 있지만 사실 쉬운 것은 아닙니다. 그리고 어떨 때는 시작하기조차 막막하기도 합니다. 저희는 그 부분에서 공감을 이끌고 대화를 위한 도구의 필요성을 제안했습니다. 모든 프로젝트가 그렇듯 공감과 필요를 이끌어내는 것이 프로젝트 성공의 기본이라 생각합니다.

Q 창작자 입장에서 크라우드 펀딩이 구체적으로 어떤 도움이 되었나요?

앞서 말한 것처럼 크라우드 펀딩은 내 아이디어를 검증할 수 있다는 것에서 가장 도움이 됩니다. 또한 아이디어 기획부터 홍보, 생산, 유통까지 전 과정을 직접적, 간접적으로 체험할 수 있다는 것도 저희에게 큰 도움이 되었습니다.

Q 크라우드 펀딩 종료 후 달라진 점이 있다면?

아이디어에 더 자신감이 생겼다는 것, 그리고 우리가 만든 것이 실제로 시장에서 그 가치를 증명했다는 것이 가장 큰 수확이었습니다.

Q 이 책의 제목처럼 '진짜' 크라우드 펀딩으로 돈을 벌 수 있나요?

돈은 당연히 벌 수 있습니다. 다만, 돈이 우선시되면 크라우드 펀딩은 어려워지는 것 같습니다. 크라우드 펀딩은 대중들이 돈을 모아 아이디어를 실현하는 데 의미가 있습니다. 돈보다는 앞서 말한 것처럼 내 아이디어를 검증받고 사람들의 필요를 확인하는데 초점을 맞춘다면 돈은 자연스럽게 따라올 겁니다.

CROWD FUNDING

07

프로젝트 설계

'크라우드 펀딩 프로젝트를 설계한다.'는 것은 목표 금액, 목표 기간, 리워드를 설정한다는 것을 의미합니다. 이번에는 각각 어떻게 설계해야 효과적일지 알아보겠습니다.

목표 금액

컨설팅을 진행하면서 가장 많이 받은 질문 중 하나는 목표 금액에 대한 것입니다. 목표 금액은 프로젝트의 성공과 실패의 기준이 되고 펀딩에 실패했을 때는 어렵게 모은 후원금을 정산받을 수 없는 것은 물론 후원자에게 리워드를 제공할 수도 없습니다. 그렇기 때문에 적절한 목표 금액을 설정하는 방법에 대한 고민이 필요합니다. 그럼 어떻게 목표 금액을 설정하면 좋을지 알아보겠습니다.

목표 금액 산정을 위한 예산 수립하기

리워드 제작비뿐 아니라 크라우드 펀딩을 진행하면서 발생하는 비용을 모두 고려해 목표 금액을 설정해야 하는데, 목표 금액 설정을 하기 전에 예산 정리가 필요합니다. 다음은 리워드의 평균 금액이 2만 원인 프로젝트에 필요한 비용을 정리한 예산표입니다.

비용 항목	내용	단가	수량	금액
① 제작비	조달하려는 자금 • 리워드 제작비 • 프로젝트 실행비 등	10,000	200	2,000,000
② 포장비	• 포장재(완충재) • 박스 포장	1,000	200	200,000
③ 배송비	리워드 배송비 (도서 산간 제외)	2,500	200	500,000
④ 예비비	• 환불, 교환, 파손, 배송 사고 결제 실패 등	(①+②+③) × 10%		270,000
⑤ 인건비	진행자 인건비	500,000		500,000
합계(①+②+③+④+⑤)				3,470,000

프로젝트의 성격에 따라 필요한 비용이 다르기 때문에 비용 항목이나 금액 등을 그대로 사용하기보다는 상황이나 프로젝트의 성격에 맞게 적절히 변경해 사용해야 합니다. 각 비용 항목을 자세히 살펴보겠습니다.

① 제작비: 제작비는 리워드를 제작하는 비용일 수도 있고 캠페인을 진행하기

위한 비용일 수도 있습니다. 이때 모든 수량은 최소발주량(MOQ)을 기준으로 산정하는 것이 좋습니다. 그래야만 프로젝트에 필요한 최소 비용을 찾을 수 있기 때문입니다.

② **포장비**: 리워드를 배송할 때는 물건만 보낼 수 없습니다. 리워드 파손에 대비한 완충재, 비닐 포장, 박스 비용까지 고려해야 합니다.

③ **배송비**: 배송비의 경우 도서 산간 지역으로 배송할 경우에는 추가 요금까지 고려해야 합니다.

④ **예비비**: 펀딩은 예약 결제 방식이기 때문에 프로젝트 마감일을 기준으로 목표 금액에 도달해야만 결제가 시작됩니다. 이때 후원자의 결제 계좌에 잔액이 없다면 '결제 실패'로 처리됩니다. 그렇기 때문에 결제 실패를 염두에 둔 비용과 리워드 배송 시 발생할 수 있는 파손, 교환, 환불 등에 대비한 비용을 미리 책정해야 합니다. 예비비로는 제작비, 포장비, 배송비를 합한 금액의 최소 10% 이상 책정해두는 것이 안전합니다.

⑤ **인건비**: 크라우드 펀딩을 통해 필요한 자금을 조달한다고는 하지만, 여기에는 프로젝트 진행자의 노력이 들어갑니다. 반드시 노력에 대한 보상도 함께 책정하세요.

예를 들어 평균 리워드 금액이 2만 원이라고 할 때, 펀딩이 오픈되면 펀딩할 후원자 50명을 확보했다고 가정해보겠습니다. 그럼 2만 원 × 50명 = 100만 원이고 여기에 2~3배를 적용하면 목표 금액은 200~300만 원을 달성할 가능성이 70% 이상인 것입니다. 왜 2~3배를 적용하는지는 다음 장에서 확인해보겠습니다. 여기서 중요한 것은 200~300만 원이 목표 금액이 아닌 '총모금액'이라는 것입니다. 그렇기 때문에 목표 금액은 이보다 작거나 같게 설정해야 성공할 수 있습니다.

💰 후원자를 기준으로 목표 금액 산정하기

프로젝트 오픈 전 미리 확보한 후원자를 기준으로 목표 금액을 설정할 수 있습니다. 목표 금액을 예산표로 설정하는 것보다 후원자를 기준으로 목표 금액을 설정하는 방식을 선호하는 이유는 아주 간단한 공식으로 달성 가능성을 예측해볼 수 있기 때문입니다.

인디고고는 친구, 가족, 지인 등으로부터 목표 금액의 30%를 확보하는 것을 권장합니다. 텀블벅은 40%, 와디즈는 50%까지 추천합니다. 각 크라우드 펀딩 플랫폼별로 차이는 있지만, 주변에서 확보할 수 있는 펀딩액의 2배를 목표 금액으로 설정하면 달성 가능성이 높다는 뜻입니다. 그렇기 때문에 사전에 미리 주변 사람들에게 프로젝트 소식을 알리고 목표 금액 중 얼마를 미리 확보할 수 있을지 파악하는 것이 중요합니다.

후원자를 기준으로 목표 금액을 설정하는 공식은 다음과 같이 정리할 수 있습니다.

- **목표 금액 = 펀딩할 것으로 예상되는 지인 수 × 리워드 평균 금액 × 2**

컨설팅 과정에서 지인, 팬, 기존 고객을 통해 목표 금액의 50%까지 확보해야 한다고 이야기하면 많은 사람이 "지인 장사가 아니냐?"라고 되묻곤 합니다. 하지만 목표 금액 달성은 펀딩의 종착점이 아닙니다. 펀딩에 있어 목표 금액은 최소한의 자금 기준입니다. 실제 우리의 목표는 목표 금액을 넘어 펀딩 마감 전까지 최대한 많은 펀딩을 받는 것입니다. 오히려 목표 금액을 달성하기 위해 마감 전까지 끌고 가는 것은 진행자에게도, 기다리는 후원자에게도 너무 힘든 일입니다. 목표 금액은 최대한 빠르게 달성해야 합니다. 이때 지인의 펀딩은 목표 금액 산정을 위한 최소한의 가늠자 역할을 하며, 초기에 프로젝트를 홍보하는 데도 많은 도움을 줍니다. 또 다른 의미로, 가까운 지인조차 설득할 수 없는 프로젝트라면 나와 관계없는 일반 대중을 설득하기는 더욱 힘듭니다. 펀딩 오픈 전 주변 사람들에게 적극적으로 펀딩을 요청하세요.

🖐️ 손해 없이 목표 금액 설정하기

목표 금액을 예산표를 이용해 설정하는 방법과 후원자를 기준으로 설정한 후 프로젝트의 성공 가능성을 가늠해보는 방법을 알아봤습니다. 이 중 한 가지 방법만을 선택해 설정해도 되지만, 두 가지 방법 모두 고려하면 목표 금액을 더욱 정밀하게 설정할 수 있습니다.

예산을 기준으로만 계산했을 때 예산이 높지 않다면 바로 목표 금액으로 설정해도 되지만, 필요한 예산이 너무 많다면 실패할 가능성 또한 높겠죠. 우여곡절 끝에 목표 금액에 도달한다고 해도 프로젝트 기간 내내 마음고생이 심해질 것입니다. 또한 후원자를 기준으로 목표 금액을 설정했을 때는 달성은 가능하겠지만 실제 필요한 비용만큼 펀딩되지 않을 경우, 목표 금액 달성에 성공하고도 손해를 볼 수 있습니다. 그렇기 때문에 필요한 예산과 예상 가능한 펀딩액을 함께 비교해야 더욱 전략적으로 판단할 수 있는데요. 앞의 예시를 조금 변형해 시뮬레이션해보겠습니다.

우선 예산을 기준으로 목표 금액을 찾습니다. 위 예시를 바탕으로 인건비를 조정해 예를 들어보겠습니다.

비용 항목	내용	단가	수량	금액
(①) 제작비	조달하려는 자금 • 리워드 제작비 • 프로젝트 실행비 등	10,000	200	2,000,000
(②) 포장비	• 포장재(완충재) • 박스 포장	1,000	200	200,000
(③) 배송비	리워드 배송비 (도서 산간 제외)	2,500	200	500,000
(④) 예비비	• 환불, 교환, 파손, 배송 사고 결제 실패 등	(①+②+③) × 10%		270,000
(⑤) 인건비	진행자 인건비	1,085,000		1,085,000
합계(①+②+③+④+⑤)				4,055,000

이 프로젝트를 위해 필요한 최소 비용은 대략 400만 원입니다. 적어도 400만 원은 있어야 최소발주를 할 수 있는 것이죠. 그럼 이제 후원자를 기준으로 어느 정도 달성 가능할지 생각해보겠습니다. 공식을 다시 한번 살펴보겠습니다.

- 목표 금액 = 펀딩할 것으로 예상되는 지인 수 × 리워드 평균 금액 × 2

가정해보기 위해 임의로 숫자를 넣어 표를 작성했습니다. 지인은 다시 가족, 친구, 동료, 팬으로 구분했고 리워드 평균 금액은 2만 원으로 설정했습니다. 다음 표와 같이 초기에 펀딩될 것으로 예상되는 금액은 200만 원입니다.

구분	인원	리워드 평균 금액	금액
(①) 가족	5		100,000
(②) 친구	15	20,000	300,000
(③) 동료	30		600,000
합계(①+②+③)			1,000,000
목표 금액(합계 × 2)			2,000,000

예산을 기준으로 산정한 목표 금액과 후원자 수를 기준으로 산정한 목표 금액을 비교해보면 실제 필요한 금액이 확보할 수 있는 금액보다 2배가 많다는 것을 알 수 있습니다.

- 예산을 기준으로 산정한 목표 금액: 400만 원

- 후원자 수를 기준으로 산정한 목표 금액: 200만 원

그렇기 때문에 비용 항목을 줄이거나 예상 후원자를 더 확보하는 등과 같은 방안을 고려해야 합니다. 물론 이대로 진행해도 이후의 마케팅이나 운영에 따라 목표 금액을 달성할 수는 있지만 목표 금액까지 부족한 200만 원에 대한 부담을 안고 시작할 수밖에 없는것이죠. 프로젝트가 시작된 후 시간은 흐르고 목표 금액 달성이 늦어질수록 목표 금액 이상의 초과 달성은 어려워집니다. 따라서 목표 금액을 예산과 후원자를 기준으로 설정해보고 비용을 줄일 것인지, 후원자를 더 확보할 것인지, 오픈한 후 마케팅에 힘을 더 쏟을 것인지 판단해야 합니다.

목표 기간

목표 기간은 '펀딩을 받는 기간'을 말합니다. 이 기간 동안만 펀딩을 받겠다는 뜻이기 때문에 설정한 목표 기간이 만료되면 더 이상 펀딩을 받을 수 없습니다. 펀딩이 시작된 후에는 목표 기간을 변경할 수 없기 때문에 처음 설정할 때 기간을 적절하게 설정해야 합니다. 이번에는 목표 기간을 어떻게 설정해야 하는지 알아보겠습니다.

🖥️ 목표 기간이 필요한 이유는 무엇일까?

펀딩을 오랜 시간 동안 받는 것이 좋을 것 같은데, 굳이 목표 기간이 필요한 이유는 무엇일까요? 목표 기간은 크라우드 펀딩의 특징과 밀접한 관계가 있습니다.

목표 기간이 왜 필요한지 좀 더 쉽게 이해하려면 목표 기간이 없는 상황을 생각해봐야 합니다. 앞서 이야기한 것처럼 크라우드 펀딩은 제품이든, 창작물이든 뭔가를 만들기 위한 자금을 조달하는 데 활용됩니다. 우선 목표 금액이 100%에 도달할 때까지 계속 펀딩을 받아야 그 자금으로 리워드도 만들고 프로젝트도 실행할 수 있으니까요. 하지만 자금이 100% 모이는 시간이 길어질수록 주변 환경은 변하고 진행자의 실행 및 홍보 의지도 점점 떨어져 프로젝트가 방치될 수 있습니다.

후원자의 입장에서도 생각해볼까요? 아마 후원자는 '언제가 될지는 모르지만, 필요한 돈이 100% 모이면 시작하겠습니다.'라는 메시지를 보게 될 것입니다. 리워드를 언제 받을 수 있을지 기약도 없는데 내가 먼저 후원하고 싶진 않을 것입니다. 결국 목표 기간이 없다면 프로젝트에 참여하는 사람 없이 그냥 사이트에 등록된 채로 남아 있게 될 것입니다.

이처럼 목표 기간은 서로의 약속에 힘을 실어줍니다. 다시 말해, 목표 기간은 후원자의 입장에서는 프로젝트의 일정을 파악할 수 있는 기준이 되고, 진행자의 입장에서는 필요한 기간 안에 얼마만큼의 자금을 조달할 수 있는지 가늠할 수 있는 기준이 됩니다.

📋 가장 적절한 목표 기간은 며칠일까?

크라우드 펀딩 플랫폼마다 설정할 수 있는 목표 기간이 조금씩 다르지만, 대부분 최대 60일까지 설정할 수 있습니다. 그렇다면 적절한 목표 기간은 며칠일까요? 정답부터 말하면 대부분의 플랫폼에서 30~32일을 추천합니다.

프로젝트 초기에는 미리 확보한 후원자가 펀딩에 참여하지만, 다른 후원자에게까지 프로젝트가 알려지는 데는 시간이 필요하기 때문에 목표 기간이 너무 짧으면 받을 수 있는 후원도 못 받게 되는 경우가 있습니다. 후원자가 줄을 서 있는데 너무 일찍 문을 닫아버리는 셈이죠.

이와 반대로 목표 기간이 너무 길면, 후원자는 '프로젝트에 자신이 없어서 어떻게든 오래 펀딩을 받으려고 하는구나.'라고 생각하게 됩니다. 또 마감까지 기한이 많이 남았다면 '나중에 하면 되지.'라는 생각으로 후원을 미루거나 완전히 잊어버릴 수도 있습니다. 이렇게 목표 기간이 길어진다면 프로젝트 참여율이 저조해지면서 다른 사람들도 참여하지 않게 됩니다.

인디고고가 10만 개 이상의 프로젝트를 분석한 결과, 성공한 프로젝트의 30%가 목표 기간을 30~39일로 설정했다고 합니다.

목표 기간별 프로젝트 성공률(출처: 인디고고)

정확한 데이터를 발표하지는 않았지만 와디즈와 텀블벅도 이와 비슷한 기간인 30일~32일을 추천합니다. 따라서 특별한 상황이 아니라면 목표 기간은 30~32일, 길어도 39일로 설정하는 것을 추천합니다.

모금 기간 설정하기

성공한 프로젝트의 평균적인 모금 기간은
32일입니다. 기간을 타이트하게 잡으면 '시간이
얼마 남지 않았으니 빨리 후원해야지' 하는
긴장감이 형성되어 성공률을 높이는데 도움이
됩니다.

모금 기간 설정(출처: 텀블벅)

리워드

리워드는 후원자가 펀딩의 대가로 받는 '보상품'입니다. 리워드의 유형에는 제품과 같은 현물도 있고 서비스도 있습니다. 리워드는 가격, 구성 등 다양한 조합이 가능하고 후원자의 펀딩에 많은 영향을 미치는 중요한 요소입니다. 이번에는 어떻게 하면 리워드를 효과적으로 설계할 수 있는지 알아보겠습니다.

🎁 리워드 기본 정보

리워드도 많은 준비가 필요합니다. 기본적으로 금액, 이름, 설명, 옵션, 배송 정보, 수량, 발송 예정일 정보가 필요합니다. 각각 어떤 의미인지 알아보겠습니다.

쉽게 이해하기 위해 '펀딩 바이블'이라는 가상의 리워드를 만들어보겠습니다. 8,000원을 펀딩한 후원자에게는 '펀딩 바이블'을 제공합니다. 다음은 각각 와디즈와 텀블벅에서 만든 리워드 예시입니다. 플랫폼마다 리워드를 입력하는 방법은 다르지만 정보는 같습니다.

리워드 기본 정보 예시(출처: 와디즈, 텀블벅)

① **리워드 금액**: 리워드 금액은 곧 펀딩받을 금액을 의미하고 대부분의 플랫폼이 1,000원부터 입력할 수 있습니다.

② **리워드 이름**: 이해하기 쉬운 이름을 정하는 것이 좋습니다. 리워드가 하나라면 문제 없지만 리워드가 여러 개이고 리워드 이름을 이해하기 어렵다면 후

원자도 기억하기 어렵습니다. 네이밍이 고민이라면 '[혜택][제품명] × [수량]'의 형태로 입력해보세요.

③ **리워드 상세설명**: 리워드에 포함돼 있는 옵션이나 구성을 적어주세요. 예를 들어, 색상 옵션이 있는 경우 '펀딩 바이블 1권 표지 색상 선택(검정/노랑)'의 식으로 지정합니다. 옵션은 리워드 카드를 선택하면 다음 페이지에서 선택하게 돼 있습니다. 페이지의 이동은 후원자의 이탈을 불러오기 때문에 가능한 한 리워드 카드에서 잘 보이도록 적어주는 것이 좋습니다.

④ **리워드 옵션**: 리워드 카드에서는 상세설명으로만 보이지만, 리워드 카드를 선택하면 다음 페이지에서 리워드 옵션을 선택할 수 있습니다. 사이즈나 색상을 선택하거나 각인, 메시지 등을 추가할 수 있습니다.

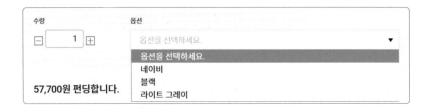

⑤ **리워드 배송 조건**: 배송이 필요한 물건인지, 초대장, PDF 등과 같이 온라인으로 전송할 수 있는 디지털 콘텐츠나 파일인지 등을 표시합니다.

⑥ **리워드 배송료**: 리워드 배송료를 책정합니다. 리워드 금액에 배송비가 포함돼 있다면 '0원'을 입력하고 상세설명에 '배송비 포함'이라고 입력합니다. 도서 산간 지역 및 수량, 무게 등으로 인해 추가되는 배송비는 미리 안내해 리워드 선택 시 추가 금액을 입력합니다.

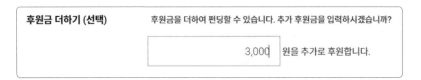

⑦ **제한 수량**: 선택할 수 있는 리워드의 수량을 제한할 수 있습니다. 설정된 리워드 수량이 모두 소진됐다면 더 이상 선택할 수 없습니다. 그렇다고 해서 제한 수량을 너무 크게 설정하면 후원자가 인기 없는 리워드라 생각할 수 있으므로 제한 수량을 적절하게 설정해야 합니다.

⑧ **발송 시작일**: 리워드가 발송되는 예상 시점입니다. 크라우드 펀딩은 후원자가 리워드를 받기까지 매우 긴 시간이 소요되기 때문에 안심하고 기다릴 수 있도록 리워드 발송 예상 시기를 알려줘야 합니다. 프로젝트가 종료된 후에는 결제가 취소되거나 예약 결제에 실패하는 경우가 있기 때문에 발송 계획을 결제 기간이 끝난 이후로 잡아야 하고 구체적인 발송 시작일은 리워드의 제작 일정까지 고려해 설정해야 합니다.

얼리버드 리워드 설계하기

리워드는 쇼핑몰에서 물건을 파는 것처럼 단순히 나열하는 방식이 아닙니다. 리워드도 하나의 콘텐츠라는 생각으로 잠재 후원자가 흥미를 느낄 수 있도록 설계해야 합니다. 이번에는 리워드를 효과적으로 설계하는 방법을 알아보겠습니다.

얼리버드 리워드는 이름처럼 초기 후원자가 받을 수 있는 혜택을 말합니다. 다른 리워드보다 저렴한 가격으로 제공하거나 추가 구성품을 제공하는 등과 같은 서비스도 포함되죠. 특별히 플랫폼에서 얼리버드라는 기능을 제공하는 것이 아니라 리워드를 만들 때 '얼리버드'라고 명시하고 리워드의 수량을 제한하는 방식입니다.

모놀로그 프로젝트의 얼리버드 리워드(출처: 텀블벅)

반복해서 이야기하지만, 크라우드 펀딩에서 가장 중요한 것은 '초기 후원자'입니다. 얼리버드 리워드를 제공하는 이유는 바로 이 때문입니다. 와디즈에 따르면, 전체 프로젝트 중 초기 3일의 후원금이 전체 후원금의 47%를 차지한다고 합니다. 초기 후원자의 역할이 그만큼 큰 것이지요.

초기 후원 금액을 높이기 위해서는 잠재 후원자가 프로젝트 초기에 참여해야 합니다. 하지만 초기에 후원했더라도 별다른 이점이 없다면 후원을 뒤로 미룰 수 있죠. 이렇게 되면 초기에 힘을 받지 못해 목표 금액을 달성하는 데 어려움을 겪을 수 있습니다. 이처럼 얼리버드 리워드는 잠재 후원자가 초기에 빨리 프로젝트에 참여할 수 있는 동기를 부여해주는 역할을 합니다.

와디즈의 얼리버드 섹션(출처: 와디즈)

프로젝트 시작 전 잠재 후원자에게 좋은 조건의 얼리버드 리워드가 있으니 참여하라는 메시지를 전달하면 수량이 소진되기 전 프로젝트에 적극 참여할 가능성이 높아지고 이렇게 누적된 초기 펀딩 금액은 일반 후원자에게 많은 사람이 관심을 갖는 좋은 프로젝트라는 인상을 남겨 추가 펀딩을 이끌어낼 수 있습니다. 얼리버드 리워드를 꼭 하나만 만들어야 하는 것은 아닙니다. '울트라 얼리버드', '슈퍼 얼리버드'와 같이 얼리버드 리워드마다 다른 리워드를 구성해 펀딩 초기의 참여를 독려할 수 있습니다.

🎁 저가 리워드로 후원자 수를 늘리자

저가의 리워드는 프로젝트 목표 금액을 달성하는 데 직접적인 도움이 되는 것은 아니지만, 주력 리워드를 선택하기는 부담스럽고 프로젝트를 응원하고 싶은 후원자를 위해 구성합니다. 주로 감사 메일이나 이름 기재 등과 같은 서비스 형식으로 제공됩니다.

이외에 조금 다른 차원의 효과도 기대할 수 있습니다. 플랫폼의 홍보 효과를 얻으려면 프로젝트를 개설한 플랫폼의 웹 사이트 내 어느 곳에 프로젝트가 보여지는지가 중요합니다. 내 프로젝트가 잘 보여야만 플랫폼 회원이 자연스럽게 유입돼 큰 효과를 얻을 수 있기 때문입니다. 플랫폼의 전면에 배치된 프로젝트는 해당 플랫폼의 내부 의사 결정으로 지정되기도 하지만, 보통은 각 플랫폼별로 설정된 기준에 따라 자동 배치됩니다. 기준을 공개한 곳도 있고, 공개하지 않은 곳도 있지만 일반적으로 후원자 수를 기준으로 전면에 배치되는 경우가 많습니다. 소수의 사람이 큰 금액을 펀딩할 수는 있지만, 많은 후원자를 모으는 것은 어렵기 때문에 후원자 수를 기준으로 인기도를 측정하는 것이 그나마 합리적이기 때문일 것입니다. 이런 시스템적인 부분을 이해하면 전략적으로 활용하기 쉽습니다.

실시간 랭킹(출처: 와디즈)

저가의 리워드는 더 많은 후원자의 참여를 유도하는 역할을 합니다. 물론 목표 금액도 중요하지만, 대부분의 플랫폼에서는 프로젝트의 인기도를 후원자 수까지 포함해 측정하기 때문에 많은 후원자의 참여를 유도하기 위해서라도 저가의 리워드를 포함하는 것이 좋습니다.

확장 리워드로 후원자 수를 늘리자

"목표 금액을 낮게 설정해 초과 달성을 하지 못하면 어떡하느냐?"라는 질문을 하는 사람들이 많은데, 이 경우에는 초과 달성에 따라 확장 리워드를 구성하는 것도 한 가지 방법입니다. 예를 들어 목표 금액이 200% 달성된다면 A라는 리워드를 추가하고 400%가 달성된다면 B라는 리워드와 옵션을 추가하는 방식입니다.

확장 리워드의 또 다른 장점은 초과 달성될 때마다 더 높은 목표를 위해 후원자가 서로 후원을 독려하면서 바이럴 효과를 낼 수 있다는 것입니다. 또한 프로젝트 진행자는 프로젝트 진행 중에 지속적으로 콘텐츠를 제작해야 하는데 초과 달성 자체를 하나의 콘텐츠로 만들 수 있기 때문에 마케팅에 대한 고민을 조금이라도 덜 수 있습니다.

세트 리워드를 만들자

세트 리워드는 여러 종류의 리워드를 하나의 세트로 구성하거나 한 종류의 리워드를 여러 개로 제공하는 것을 말합니다. 세트 리워드는 여러 리워드가 묶여 구성된 것인 만큼 후원 금액이 높기 때문에 선택하는 후원자가 적을 수 있습니다. 하지만 세트 리워드가 선택될 때마다 후원 금액이 크게 증가하기 때문에 전체 후원 금액의 규모를 키워줍니다. 이때 세트 리워드는 개별 리워드를 따로 선택했을 때의 금액보다 저렴해야 합니다. 우리가 평소 여러 개의 물건을 한 번에 구입할 때 조금씩 할인받는 것과 같은 원리입니다.

리워드❻

모놀로그 선물세트Ⓐ

(미니세트＋칫솔(x2)＋타올)＋대용량 데이&나이트 :선물포장

31% 혜택 ~~₩49,500~~ → ₩34,000

| 미니세트(x1) + 대용량 모놀로그 데이&나이트(x1) + 타올(x1) + 칫솔(x2)

53,000원 　　　　쓸털 미니 빗자루 A + B + C

세트 구성 리워드(출처: 텀블벅)

잠깐만요　**후원자들은 어떤 리워드를 좋아할까?**

아무리 좋은 리워드라도 후원자가 원하지 않는다면 쓸모가 없겠죠? 가끔 프로젝트 진행자 본인이 생각하기에 좋은 리워드를 제공하려고 하는 경우가 있습니다. 그러나 리워드는 반드시 후원자의 입장에서 생각해야 합니다. 후원자의 입장에서 생각한다는 것은 무엇을 의미할까요? 좀 더 구체적이고 가장 좋은 방법은 직접 물어보는 것입니다. 조금 허탈한 이야기일 순 있지만 후원자에게 직접 물어볼 수 있다는 것은 타깃이 누구인지 정확히 알고 있다는 것이고 그들의 커뮤니티가 어디인지 알고 있다는 뜻입니다. 커뮤니티를 통해 프로젝트에 관련된 질문을 하거나 답변을 들으면서 어떤 크라우드 펀딩 프로젝트를 준비하고 있다는 것을 미리 인지시킬 수 있기 때문에 사전 마케팅 차원에서도 매우 좋은 방법이라 할 수 있습니다.

상세페이지 ① 상세페이지 살펴보기

이제 프로젝트의 상세페이지를 제작해보겠습니다. 크라우드 펀딩의 상세페이지는 기존 온라인 쇼핑의 상세페이지와 다른, 크라우드 펀딩에 최적화된 구성이 필요합니다. 상세페이지를 제작하기 전에 먼저 크라우드 펀딩 상세페이지는 어떻게 구성돼 있고 각각 어떤 정보를 담고 있는지 살펴보겠습니다.

크라우드 펀딩 프로젝트의 상세페이지 역시 플랫폼에 따라, 기능에 따라 조금씩 차이가 있긴 하지만 크라우드 펀딩의 테두리 안에서 필요한 구성만 알고 있으면 충분히 준비할 수 있습니다.

🖥️ 와디즈 상세페이지

와디즈의 상세페이지는 프로젝트를 소개하는 메인 이미지 영역과 펀딩 상태 영역, 프로필 영역으로 구분돼 있습니다. 와디즈는 메인 이미지 영역에 이미지나 영상 중 하나를 선택해 등록할 수 있습니다. 만약, 이미지 대신 영상을 등록하면 메인 이미지 영역에 등록한 영상이 재생됩니다.

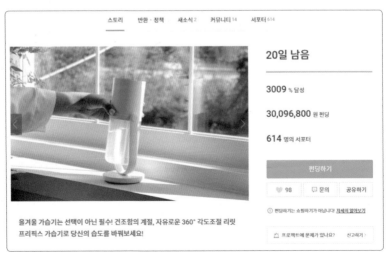

'리릿 프리픽스 가습기' 프로젝트(출처: 와디즈)

① **스토리**: [스토리] 탭은 크라우드 펀딩 프로젝트를 소개하는 영역으로, 앞서 반복적으로 이야기한 상세페이지가 표시되는 영역입니다. 상세페이지 옆에는 리워드 리스트가 표시되므로 후원자가 원하는 리워드 카드를 선택해 프로젝트에 참여할 수 있습니다.

② **펀딩 안내**: [펀딩 안내] 탭에는 프로젝트의 정보와 정책이 표시됩니다. 펀딩 취소 및 리워드 옵션 변경, 배송지 변경 안내와 리워드의 고시 정보가 표시되고 펀딩금 반환 안내에 대한 공지도 확인할 수 있습니다.

③ **새소식**: [새소식] 탭은 프로젝트 관련 게시판이라 생각하면 됩니다. 리워드의 제작 과정, 배송 과정, 이벤트, 공지 등을 공유할 수 있는 영역입니다.

④ **커뮤니티**: [커뮤니티] 탭은 후원자가 진행자에게 응원글 등을 남길 수 있는 공간으로, 후원자가 프로젝트에 대한 의견을 댓글로 남길 수 있습니다

⑤ **서포터**: [서포터] 탭에서는 프로젝트에 참여한 후원자 목록이 표시됩니다. 만약, 후원자가 [지지서명] 기능으로 프로젝트를 SNS에 공유했다면 'Facebook 지지서명으로 참여하셨습니다.'라는 메시지로 구분돼 표시됩니다.

143

텀블벅 상세페이지

텀블벅의 상세페이지도 와디즈와 크게 다르지 않지만, 탭은 좀 더 심플합니다. 와디즈와 같이 메인 이미지 영역에 이미지나 영상 중 하나를 선택해 등록할 수 있으며 영상을 등록하면 메인 이미지 영역에 등록한 영상이 재생됩니다.

'광덕 빗자루' 프로젝트(출처: 텀블벅)

① **스토리**: [스토리] 탭은 크라우드 펀딩 프로젝트를 소개하는 영역으로, 상세 페이지 옆에 리워드 리스트가 표시되므로 후원자가 원하는 리워드 카드를 선택해 프로젝트에 참여할 수 있습니다.

② **커뮤니티**: 텀블벅은 와디즈와 달리, 프로젝트에 참여한 후원자만 [커뮤니티] 탭에 글을 작성할 수 있습니다. 진행자가 [커뮤니티] 탭에 글을 작성하면 후원자에게 메일이 자동으로 발송되기 때문에 공지, 이벤트 등 다양한 콘텐츠를 활용해 후원자가 다시 방문할 수 있도록 하거나 프로젝트를 상기시키는 목적으로 사용할 수 있습니다.

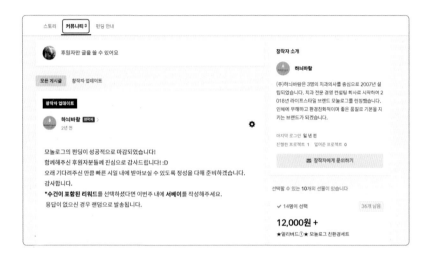

③ **펀딩 안내**: [펀딩 안내] 탭에는 프로젝트를 신청할 때 작성한 '프로젝트의 환불 및 교환 정책'이 표시됩니다.

상세페이지 ② 스토리

상세페이지의 기본은 '스토리를 구상하는 것'입니다. 상세페이지에 보여줄 이미지, 영상 등은 구상한 스토리를 기반으로 결정되기 때문에 상세페이지를 제작할 때 가장 중요한 요소라고 할 수 있습니다. 이번에는 스토리를 어떻게 구상해 전개해야 하는지, 정보를 어떤 순서대로 배치해야 효과적으로 전달할 수 있는 지 알아보겠습니다.

정해진 순서가 있는 것은 아니지만, 대부분의 상세페이지 스토리는 다음과 같은 순서로 구성돼 있습니다. 플랫폼마다 약간의 차이는 있지만 큰 흐름은 비슷하죠. 상세페이지에 필요한 정보가 누락되면 보완이나 반려 사유가 될 수 있으므로 플랫폼과 관계없이 반드시 필요한 정보라고 할 수 있습니다.

① 진행자 소개
② 프로젝트 계기 및 목적
③ 프로젝트 상세 소개
④ 리워드 리스트
⑤ 프로젝트 예산
⑥ 프로젝트 일정
⑦ 리워드 발송 안내
⑧ 교환·환불 정책
⑨ FAQ

TIP

와디즈는 진행자의 얼굴을 식별하기 어려운 사진은 사용할 수 없고 이목구비를 50% 이상 확인할 수 있어야 합니다.

① **진행자 소개**: 진행자를 소개하는 이유는 후원자에게 프로젝트에 대한 신뢰감을 주기 위해서입니다. 프로젝트 진행자는 개인이 될 수도 있고 팀이 될 수도 있는데요. 후원자에게 신뢰감을 주려면 자신이 어떤 경험을 했는지, 어떤 작업을 해왔는지, 어떤 전문성이 있는지를 보여주는 것이 좋습니다. 여기에 얼굴이 잘 보이는 사진이나 진행자를 재미있게 표현한 캐릭터 등을 추가하면 진행자를 더욱 잘 소개할 수 있습니다.

② **프로젝트 계기 및 목적**: 프로젝트를 시작하게 된 계기나 동기, 목적을 작성합니다. 여기서 가장 중요한 것은 많은 후원자의 공감을 얻는 것입니다. 'TED'의 유명 강사 중 하나인 사이먼 시넥은 '골든 서클(Golden Circle)'이라는 개념을 통해 "사람의 마음을 움직이려면 Why부터 시작해야 한다."라고 이야기하죠. 크라우드 펀딩 스토리에서는 프로젝트 계기가 바로 'Why'에 해당하는 부분입니다. 만약 어떻게 작성해야 할지 감을 잡기 어렵다면, 다음을 참고하시기 바랍니다. 컨설팅 과정에서 많은 공감을 받는 프로젝트는 다음과 같습니다.

• **개인의 경험**: 제품 카테고리에서 많이 등장하는 프로젝트입니다. 주로 진행자 개인 또는 타깃 고객의 생활 속에서 문제점을 발견하게 돼 제품을 만든 사례가 많습니다. 타깃 고객이 겪고 있는 불편함과 어려움을 해결하기 위해 만들려고 하는 제품이라는 것을 강조합니다. 실제로 생활 속에서 불편함을 느꼈기 때문에 공감을 받기도 쉽고 그에 따른 솔루션 제안도 명확해집니다.

• **사회 문제**: 사회 전반에 문제의식을 느껴 진행하는 프로젝트입니다. 환경, 인권, 동물 등 공익적인 이슈부터 현재 이슈가 되고 있는 사회 현상에 대한 목소리를 내고자 합니다. 오해하지 말아야 할 점은 공익적인 이슈라고 해서 캠페인만을 뜻하지는 않는다는 것입니다. 환경 문제를 해결하기 위해 제품을 개발하거나 창작물을 만들 수도 있는데요. 인상 깊은 해외 프로젝트 사례로는 인디고고에서 진행했던 'Seabean 프로젝트'를 들 수 있습니다.

호주의 두 서퍼가 바다가 오염되는 것이 안타까워 직장을 그만두고 바다의 쓰레기를 청소할 수 있는 제품을 만드는 프로젝트였는데요. 한화로 약 3억 원을 모아 양산할 수 있었습니다. 이처럼 사회 전반에서 느낀 문제의식을 자신만의 방식으로 해결하려는 시도가 프로젝트의 계기가 될 수 있습니다.

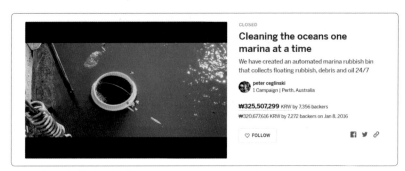

'Seabean' 프로젝트(출처: 인디고고)

- **자아 실현 및 아이디어**: 주로 창작이나 예술 카테고리에서 많이 볼 수 있는 프로젝트입니다. 작업물을 모아 아트북을 제작해보는 것, 새로운 시도를 해보는 것, 진행자의 자아나 아이디어를 실현해보기 위한 것도 프로젝트의 동기가 됩니다.

③ **프로젝트 상세 소개**: 본격적으로 어떤 프로젝트인지 소개합니다. 위에서 작성한 프로젝트 계기 및 목적과 연결해 작성하면 더욱 부드럽게 이어나갈 수 있습니다. 예를 들어 'Seabean' 프로젝트에서 "서핑 중 해양 오염 문제를 목격하게 돼 이런 Seabean을 만들게 되었습니다. Seabean는 이런 스펙과 이런 기능, 장점을 갖고 있는 제품이며 이런 방식으로 만들어집니다."라고 소개하는 것입니다. 프로젝트 상세 소개에서는 '이런'에 해당하는 내용을 적어주면 되는데요. 기본적으로 스펙, 제작 방법, 사용 방법, 차별적인 장점 등을 영상과 이미지, GIF 등 다양한 콘텐츠를 활용해 소개하면 됩니다. 다만 카테고리와 프로젝트마다 포함하는 항목이 다를 텐데요. 크게 보면 제품과 콘텐츠가 다르고, 제품 중에서도 테크 제품인지, 패션인지에 따라서도 다릅니다. 그렇기 때문에 가장 좋은 방법은 유사한 프로젝트를 찾아보고 해당 프로젝트 스토리의 구성에 맞춰 작성해보는 것입니다. 프로젝트를 준비할 때 가장 좋은 선생님은 나와 유사한 프로젝트 중 성공한 프로젝트입니다.

④ **리워드 리스트**: 제공하는 리워드의 종류나 특징 등을 정리해 한눈에 보기 쉽도록 표나 그림 등을 활용해 다시 한번 보여줍니다.

⑤ **프로젝트 예산**: 후원금이 어디에 쓰이는지 금액과 용처를 세세하게 적을 필요는 없지만, 대략 어느 곳에서 사용될 예정인지를 정리하는 것은 신뢰도를 높이는 차원에서도 좋습니다.

⑥ **프로젝트 일정**: 후원자가 언제쯤 리워드를 받을 수 있는지 예상할 수 있도록 전체 프로젝트의 일정을 중심으로 작성하면 됩니다. 크게 프로젝트 시작일, 종료일, 제작일, 리워드 발송일과 추가적 세부 일정을 공유할 필요가 있다면 함께 적어주면 됩니다.

⑦ **리워드 발송 안내**: 리워드를 어떤 방법으로 발송할 것인지를 안내합니다. 다음 항목을 참고해 작성하면 됩니다.

• 발송 방법: 순차발송/일괄발송, 택배/우편 중에서 선택하면 됩니다.
  (**예** 순차발송 일정: *월 *일부터 하루에 **개씩 **택배를 통해 발송)

• 배송 시 포장 상태
  (**예** 에어캡+박스 포장)

• 배송 관련 문의처: 가장 빠르게 소통할 수 있는 방법
  (**예** 카카오플러스, 메이커에게 문의하기, 댓글, 메일, 전화)

• 배송 문의 상담 가능한 시간

• 도서 산간 배송 가능 여부, 지불 방법/금액

⑧ **교환·환불 정책**: 교환·환불 정책은 리워드의 하자로 인한 교환, 취소, 환불에 관한 정책을 안내합니다. 플랫폼마다 어느 정도 제공하고 있는 틀이 있으니 참고해 작성하면 되지만 그래도 어떻게 써야할 지 막막하다면 다른 프로젝트를 참고해 작성하면 됩니다.

⑨ **FAQ**: 프로젝트를 자세히 소개했는데도 아직 후원자가 궁금해할 만한 내용이 있다면 FAQ에서 자세히 소개하면 됩니다.

상세페이지 ③ 영상

영상은 촬영, 편집 등과 같은 관련 지식이나 기술이 필요하기 때문에 접근하기가 쉽지 않죠. 그렇다고 해서 업체에 맡기기에는 비용도 만만치 않습니다. 하지만 영상은 프로젝트를 소개하는 데 가장 효과적인 방식입니다. 이번에는 상세페이지에 적합한 영상 구성에 대해 알아보겠습니다.

상세페이지에 영상이 반드시 필요한 것은 아닙니다. 하지만 프로젝트를 소개하는 데는 효과적입니다. 리워드가 제품인 경우에는 더욱 효과적입니다. 영상은 한 번 제작해두면 계속 사용할 수 있으므로 가능한 한 제작하는 것을 추천합니다. 상세페이지 영상이 리워드가 제품인 프로젝트에 적합한 것인 만큼 리워드 제품을 중심으로 이야기해보겠습니다.

🖙 감성 대신 기능

크라우드 펀딩에 적합한 영상은 감성을 자극하기보다 빠른 시간 내에 제품의 기능이나 차별점을 전달할 수 있어야 합니다. 가끔 많은 비용을 들여 흔히 말하는 '감성 영상'을 제작하는 경우가 있습니다. 이런 감성 영상은 멋있긴 하지만, 크라우드 펀딩에는 그다지 도움이 되지 않습니다. 프로젝트에 펀딩하려는 후원자는 제품에 대한 정보를 빨리 알고 싶어 하기 때문에 제품의 기능과 차별점을 전달하는 데 집중해야 합니다.

🖙 영상 길이는 3분 내로

너무 짧은 영상은 프로젝트와 리워드를 모두 소개하기에 부족하고 너무 긴 영상은 후원자가 끝까지 보지 않고 이탈할 가능성이 높습니다. 그렇다면 적절한 영상의 길이는 어느 정도일까요? 국내외를 불문하고 모든 크라우드 펀딩 플랫폼에서 추천하는 시간은 1분 30초~3분입니다. 이 시간을 절대적으로 지켜야 하는 것은 아니지만 가능한 한 이 범위 내에서 영상을 제작하는 것을 추천합니다.

포인트는 세 가지만

프로젝트나 리워드에 대해 하고 싶은 이야기는 많겠지만 가능한 범위 내에서 줄여야 합니다. 플랫폼에서 추천하는 3분이라는 시간은 생각보다 길지 않습니다. 또한 너무 많은 이야기를 전달하면 영상을 보는 후원자도 정작 무엇이 중요한지 잊게 돼 결국 핵심을 전달하지 못합니다. 가장 좋은 것은 포인트를 세 가지로 구분해 전달하는 것입니다. 인간의 뇌는 세 가지 이상 기억하지 않는다는 말이 있습니다. 세 가지 주제를 제시할 때 가장 기억에 오래 남는다는 연구 결과도 있죠. 장점이든, 단점이든 세 가지는 머릿속에서 정리할 수 있는 최적의 숫자입니다.

그 밖의 영상 형식

- **인터뷰 형식**: 주로 장인이나, 명인, 유명인들의 프로젝트를 진행할 때 사용할 수 있는 방식입니다. 프로젝트를 시작하게 된 계기, 생각 등 프로젝트 스토리의 일부를 인터뷰 형식으로 담으면 영상에 집중하게 할 수 있습니다.

- **제작 과정**: 위생, 안전, 품질이 중요하거나 공예와 같이 수작업으로 만들어지는 과정 자체가 중요한 경우에는 제작 과정을 영상으로 공개하는 것이 효과적입니다.

- **활용 방법**: 실제로 해당 프로젝트의 리워드가 사용되는 모습, 다양한 활용처 등을 제공해 후원자가 '아, 저렇게 사용하면 좋겠다.', '거실에 두면 예쁘겠다.' 등과 같은 마음이 들도록 합니다.

상세페이지 ④ 이미지

이미지는 상세페이지에 없어서는 안 되는 요소입니다. 이번에는 상세페이지에 꼭 필요한 이미지와 상세페이지에 적합한 이미지 구성은 무엇인지, 이미지 촬영 시 주의해야 할 점은 무엇인지 알아보겠습니다.

상세페이지에 이미지나 영상 없이 글만 빼곡하다면 어떨까요? 어떤 프로젝트를 진행할 것인지, 어떤 리워드를 받을 수 있는지 머릿속에 그려지지도 않고 실제로 이 프로젝트를 실행할 수 있을지에 대한 의구심마저 들 것입니다.

크라우드 펀딩은 온라인으로 불특정 다수의 대중에게 후원을 받는 것인 만큼 나만의 계획을 생생히 전달할 수 있어야 합니다. 따라서 상세페이지에는 이미지가 반드시 포함돼 있어야 합니다. 이미지 또한 영상처럼 다양한 콘셉트와 기획이 필요합니다. 후원을 받기 위해 꼭 준비해야 하는 이미지는 다음과 같습니다.

🖼️ 대표 이미지

대표 이미지는 프로젝트 리스트, 프로젝트 공유 등 첫 화면에 보이는 것이기 때문에 신중하게 선택해야 합니다. 또한 대표 이미지는 플랫폼마다 지켜야 하는 가이드를 제공합니다. 여기서는 공통적으로 주의해야 할 점을 살펴보겠습니다.

① 이미지 위에 텍스트 올리지 않기
대표 이미지 위에는 텍스트를 입력하지 않는 것이 좋습니다. 프로젝트 제목은 어차피 대표 이미지에 바로 이어서 표시되기 때문에 굳이 대표 이미지를 가리면서까지 작성할 필요는 없습니다. 다만 책처럼 리워드 자체에 텍스트가 이미 올라가 있는 경우는 예외입니다.

플랫폼에 표시되는 대표 이미지(출처: 텀블벅)

② 배경과 대조되도록 촬영하기

대표 이미지는 배경색과 리워드가 선명히 구분돼야 합니다. 그래야만 리워드가 강조돼 보이기 때문인데요. 배경색을 고르기 어렵거나 고민된다면 흰색 배경에서 촬영하는 것을 추천합니다. 다만, 리워드가 흰색인 경우는 예외입니다. 중요한 것은 어느 배경이든 리워드가 선명하게 보여야 한다는 것입니다.

③ 주의할 점

대표 이미지의 사이즈는 이미지를 업로드할 때 자동으로 조절되지만, 업로드하는 이미지의 사이즈가 권장 사이즈보다 작을 경우, 이미지가 제대로 보이지 않기 때문에 권장 사이즈에 맞추거나 권장 사이즈보다 크게 제작해야 합니다. 또한 와디즈의 경우 이미지 파일의 사이즈를 3MB 이하로 제한하기 때문에 이미지의 용량도 고려해야 합니다.

- **텀블벅 권장 사이즈**: 가로 1,240 × 세로 930px 이상(파일 형식: JPG, PNG)

- **와디즈 권장 사이즈**: 가로 1,200 × 세로 675px 이상(파일 형식: JPEG, PNG / 3MB 이하)

🖼 리워드 이미지

① 편집용 이미지를 촬영하자

리워드 이미지는 당연히 빠져서는 안 됩니다. 리워드를 여러 콘셉트로 촬영할 수는 있지만, 꼭 리워드와 확실하게 대비되는 배경에서 촬영하는 것을 추천합니다. 편집용 이미지는 보통 흰색 배경에 리워드로 제공할 제품만 올려놓고 촬영하면 됩니다. 이미지를 포토샵 등과 같은 프로그램으로 편집 또는 보정할 때 리워드 제품만 따로 깔끔하게 잘라내 다른 배경이나 이미지와 함께 사용하기가 편리합니다.

② 리워드 구성을 다양하게 촬영하자

사전에 설계한 단품이나 세트 등의 리워드 구성에 따라 리워드를 촬영합니다. 단품 이미지는 리워드를 자세히 소개할 때 사용하고 세트 이미지는 리워드 세트가 어떻게 제공될 예정인지를 소개할 때 사용합니다. 이미 세트로 구성해 촬영한 이미지가 있다면 별도의 편집 과정이 필요 없겠죠?

잠깐만요 **서울창업카페**

서울시에서는 다양한 창업 지원을 하고 있는데요. 〈서울창업카페〉 숭실대입구점과 혜화점은 스튜디오뿐 아니라 카메라, 삼각대 등 촬영에 필요한 장비들을 무료로 빌려줍니다. 4시간까지 무료로 대여할 수 있으므로 미리 예약하고 이용하면 됩니다.

서울창업카페(출처: 서울시 서울창업카페)

- 〈서울창업카페〉 숭실대입구역점(http://startup.ssu.ac.kr), 070-5097-3337

- 〈서울창업카페〉 혜화점(http://kstartupcafe.com), 02-745-7453

08

프로젝트 등록 신청
무작정 따라하기

이제 프로젝트 신청 페이지를 하나하나 살펴보면서 준비한 내용을 어떻게 기입해야 하는지 확인해보겠습니다. 여기서는 텀블벅과 와디즈의 신청 화면을 살펴보겠습니다.

텀블벅 프로젝트 신청하기

CROWD FUNDING

01

텀블벅의 프로젝트 정보 입력부터 신청까지의 과정을 살펴보겠습니다.

텀블벅 홈페이지에 회원 가입한 후 홈페이지 왼쪽 위의 [프로젝트 올리기] – [지금 시작하기]를 차례대로 선택합니다.

모든 체크박스에 체크 표시를 하고 [계속하기]를 선택합니다. 다만, 19세 이상만 프로젝트 등록 주체가 될 수 있으니 참고하세요.

텀블벅의 프로젝트 등록 페이지는 [프로젝트 개요], [펀딩 및 선물 구성], [스토리텔링], [계좌 설정] 탭으로 구성돼 있고 각 탭은 원하는 순서대로 작성할 수 있습니다. 여기서는 순서대로 하나씩 작성해보겠습니다.

[프로젝트 개요] 탭을 선택하면 프로젝트 제목, 소개, 목표 금액, 기간 등 프로젝트에 관한 전반적인 정보를 입력할 수 있으며 각 항목을 클릭하면 입력한 정보가 화면에 표시되는지 확인할 수 있습니다. 모든 항목을 입력한 후에 [저장하기]를 클릭해야 입력한 내용이 저장됩니다.

01 [프로젝트 제목]과 [프로젝트 짧은 제목]을 클릭해 원하는 제목을 입력합니다. '프로젝트 짧은 제목'은 후원자 알림 문자 등에 사용할 짧은 제목으로, '프로젝트 제목'을 간단하게 축약해 후원자가 프로젝트를 떠올릴 수 있는 키워드를 입력하는 것이 좋습니다. 원하는 내용을 입력한 후 [저장하기]를 클릭합니다.

 TIP

[저장하기]를 클릭하면 입력한 [프로젝트 제목]이나 [프로젝트 짧은 제목]에 금칙어가 있을 경우 빨간색으로 표시됩니다. 금칙어를 수정해야만 프로젝트 이름으로 사용할 수 있습니다.

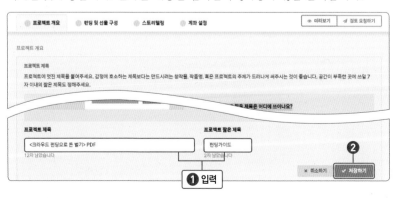

프로젝트 등록 신청

159

02 [프로젝트 대표 이미지]의 [업로드하기]를 선택한 후 [이미지 파일 선택하기]를 클릭해 '프로젝트 대표 이미지'로 사용할 이미지를 업로드합니다. 프로젝트 대표 이미지는 후원자에게 가장 먼저 보이는 이미지이므로 프로젝트를 잘 표현할 수 있는 이미지를 선택하는 것이 중요합니다.

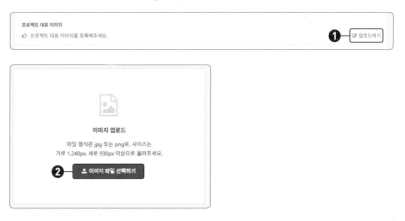

03 [프로젝트 요약]에 입력한 내용은 상세페이지가 아니라 SNS 공유 시에 표시됩니다. SNS 홍보 등을 고려해 원하는 내용을 입력한 후 [저장]을 클릭합니다.

SNS 공유 시 표시되는 프로젝트 요약

04 [프로젝트 카테고리]를 클릭한 후 원하는 카테고리를 선택합니다. 정확하게 일치하는 카테고리가 없을 경우에는 가장 연관성 있는 카테고리를 선택하면 됩니다.

05 웹상에 표시되는 프로젝트의 URL을 직접 설정할 수 있습니다. 입력한 주소는 'https://tumblbug.com/' 뒤에 표시되며 영문과 숫자만 입력할 수 있습니다. 등록한 프로젝트를 잘 나타낼 수 있는 키워드를 입력하면 됩니다.

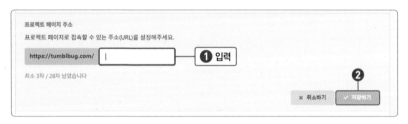

06 검색용 태그는 등록할 프로젝트와 연관된 검색 키워드입니다. 후원자가 텀블벅에서 어떤 키워드로 검색할 것인지를 고려해 검색할 만한 핵심 키워드를 입력하면 됩니다. 여러 개의 키워드도 넣을 수는 있지만 너무 많은 키워드를 입력하면 수정 요청을 받을 수 있습니다.

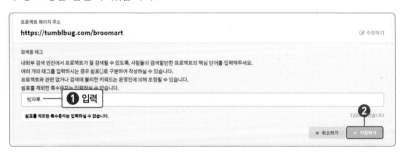

07 [프로필 이미지]는 프로젝트 진행자나 팀의 대표 이미지로, [이미지 파일 선택하기]를 클릭한 후 원하는 이미지를 선택하고 [열기]를 클릭하면 선택한 이미지가 화면에 표시됩니다.

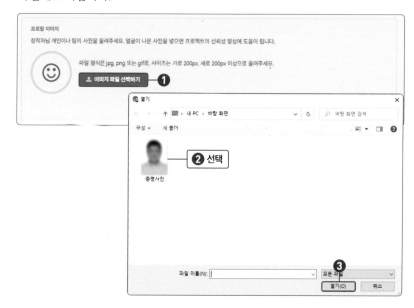

08 [창작자 이름]은 프로젝트 대표의 이름으로, 프로젝트 진행자 개인의 이름이나 팀 이름을 입력하면 됩니다.

TIP

업로드한 이미지가 마음에 들지 않는다면 [다른 이미지 파일로 교체하기]를 클릭해 다른 이미지로 교체할 수 있습니다.

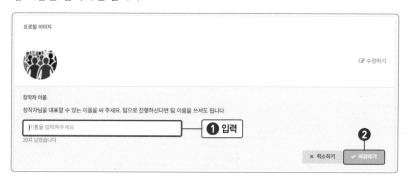

09 [창작자 소개]는 후원자가 프로필을 클릭했을 때 표시되는 내용으로, 프로젝트 진행자를 신뢰할 수는 간단한 소개를 입력하면 됩니다. 이전 경력이나 직업, 대표 포트폴리오를 입력해도 됩니다.

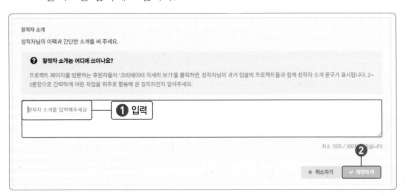

 잠깐만요　　**텀블벅이 제시하는 디자인 유의 사항**

- 글자는 20자 미만
- 창작 활동과 직접적인 연관이 있는 자체 제작 이미지로
- 테두리 장식 효과나 타일식 구성 없이 단일 이미지로
- 어둡거나 흐릿하지 않고 내용이 분명히 드러나게
- 사이트 배경과 구분하기 위해 순백색이 아닌 배경색으로
- 찌그러지거나 작은 이미지를 확대한 것이 아닌 적정 해상도(1240px × 930px)로
- 파일 용량은 10MB 이하로

[펀딩 및 선물 구성] 탭에서는 목표 금액과 프로젝트 마감일, 리워드(선물) 구성
및 교환 환불 정책 등을 입력할 수 있습니다.

01 [목표 금액]에 원하는 금액을 입력하면 부가세가 자동으로 포함되고 운영 수수
료와 결제 수수료를 제외한, 실제 정산받게 될 금액이 계산됩니다.

📖 TIP

프로젝트가 마감된 후 후
원자의 계좌에서 잔액 부
족 등으로 결제 실패가
발생할 수 있기 때문에
계산된 공제액 합계와 실
제 정산 금액에는 차이가
있을 수 있습니다.

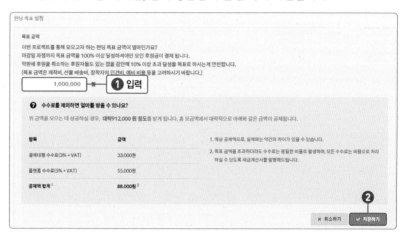

02 '공개예정'은 현재(2020년 12월) 베타 서비스 중으로 와디즈의 '오픈 예정'과 같
이 프로젝트를 시작하기 전, 일부 후원자에게 미리 공개하여 알림 신청을 받을
수 있는 기능입니다. 선택항목으로 공개예정 기능을 사용하지 않으려면 [펀딩
기간 설정] 항목으로 이동하면 됩니다.

📖 TIP

공개예정에 대한 자세한
내용은 171쪽을 참고하
세요.

03 '펀딩 기간 설정'의 '프로젝트 공개일시'에 프로젝트를 공개할 날짜와 시간을 입
력하고 [저장하기]를 선택하면 '프로젝트 마감일'에 펀딩 진행 기간을 입력할 수
있습니다. '프로젝트 마감일'에 원하는 목표 기간을 입력한 후 [저장]을 클릭합

니다. 프로젝트 공개 검토 승인을 받고 난 후 설정한 공개일시 보다 먼저 프로젝트를 오픈하고 싶다면 '내 프로젝트' 페이지 상단의 [시작하기] 버튼을 눌러 프로젝트를 바로 시작할 수 있습니다.

TIP

'프로젝트 공개일시'와 '프로젝트 마감일'을 입력하면 '프로젝트 주요 일정'에 프로젝트 공개일과 마감일, 정산일이 표시됩니다.

04 '선물 구성' 항목의 [추가하기]를 클릭합니다.

TIP

선물 구성 항목을 입력하려면 프로젝트 마감일을 먼저 설정해야 합니다.

05 '선물 추가하기'의 [최소 후원금액]은 리워드 금액으로 5,000원이 기본으로 설정돼 있지만, 1,000원부터 입력할수 있습니다. 리워드로 제공할 선물의 후원 금액을 입력합니다.

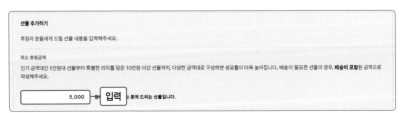

06 '선물에 포함된 아이템'의 [아이템 만들기]를 클릭한 후 [아이템 관리하기] 팝업 창의 [추가하기]를 클릭합니다.

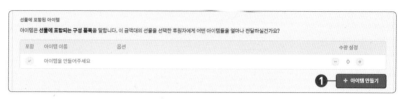

 잠깐만요 선물과 아이템

선물과 아이템이 조금 헷갈릴 수 있지만, 상세페이지를 떠올려보면 쉽게 이해할 수 있습니다. 각각의 선물은 상세페이지에 리워드 카드로 표시됩니다. 아이템은 리워드 카드에 표시되는 리워드로, 1개의 리워드 카드에 여러 리워드를 추가하려면 아이템을 추가하면 되는 것이죠. '선물'은 '리워드 카드', '아이템'은 '구성'이라고 기억하면 쉽게 이해할 수 있을 것입니다.

07 [아이템 이름]에 원하는 아이템 이름을 입력합니다. 아이템 이름은 리워드 카드에 구성품 이름으로 표시됩니다.

08 아이템별로 옵션이 필요한 경우 주관식과 객관식 중 하나를 선택해 옵션을 설정할 수 있습니다. 각인, 메시지 등 후원자마다 다른 옵션이 필요할 경우에는 주관식 옵션, 모자나 신발 사이즈와 같이 정해진 옵션 중에서 선택하는 경우에는 객관식 옵션을 사용하면 됩니다. 옵션 설정을 완료한 후 [저장하기]를 클릭합니다.

TIP

아이템을 추가하려면 [아이템 만들기] 항목의 [추가하기]를 클릭하면 됩니다.

09 아이템을 모두 추가한 후 '아이템 관리하기' 팝업창의 [닫기]를 클릭하면 [선물에 포함된 아이템] 항목에 추가한 아이템이 표시됩니다. 아이템 목록의 [포함]이나 수량 설정의 [+], [-]를 클릭해 선물에 포함할 아이템과 아이템의 수량을 설정합니다.

TIP

[선물에 포함된 아이템] 항목의 [아이템 관리하기]를 클릭하면 언제든지 아이템을 추가하거나 삭제할 수 있습니다.

10 선물에 대한 설명을 입력합니다. 선택 항목으로 입력하지 않아도 되지만, 배송비 포함 여부 등 해당 선물에 대한 설명을 입력할 수 있습니다.

11 지금 입력한 선물 카드의 표시 순서를 지정할 수 있습니다. 선물 중 얼리버드 리워드가 있는 경우라면 얼리버드 리워드를 가장 먼저 배치하거나 후원자가 가장 많이 선택할 것이라 예상하는 선물을 위쪽에 배치하는 것이 좋겠죠? 숫자 입력란의 ▲, ▼를 클릭해 순서를 지정하거나 원하는 숫자를 직접 입력할 수 있습니다.

12 선물의 [예상 전달일]을 입력합니다. 선물 전달일은 정산일이 아닌 결제 종료일을 기준으로 입력합니다. 이때 주의해야 할 점은 프로젝트가 종료된 후 정산까지 대략 3주 정도가 소요되므로 선물 전달일이 정산일보다 빠르지 않도록 설정해야 한다는 것입니다. 그래야만 정산받은 돈으로 리워드를 제작하고 배송할 시간을 충분히 확보할 수 있기 때문입니다.

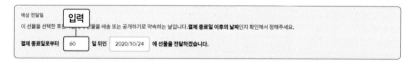

TIP

온라인 전송이 가능한 디지털 콘텐츠나 파일 또는 현장 수령이 필요한 리워드와 같이 배송이 필요 없는 리워드인 경우에는 [배송이 필요한 선물입니다.]의 체크 박스의 체크 표시를 해제하면 됩니다.

⑬ '선물 설정'의 체크 박스를 클릭해 체크 표시를 하면 선물의 수량 제한을 설정할 수 있습니다. '선물 설정'은 주로 얼리버드 리워드나 특별한 서비스가 포함된 한정 리워드인 경우에 해당합니다. 모든 선물 설정을 마친 후 [저장하기]를 클릭합니다.

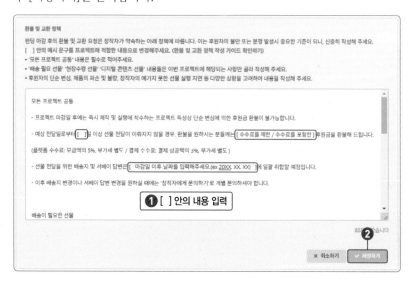

⑭ '환불 및 교환 정책'의 경우 어떻게 작성해야 할지 고민 하지 않아도 됩니다. [환불 및 교환 정책]을 클릭하면 이미 내용이 입력된 템플릿을 확인할 수 있습니다. 입력된 내용의 빈칸에 원하는 내용만 추가하면 됩니다. 입력한 내용을 확인한 후 [저장하기]를 클릭합니다.

⑮ [상품 고시 정보]를 클릭한 후 [상품의 분류를 선택해주세요.]를 클릭하면 프로젝트에서 제공하는 리워드의 상품 분류를 선택할 수 있습니다. 각 상품마다 입력해야 하는 정보가 다르고 상품에 따라 미리 인증이나 허가가 필요할 수 있습니다. 인증이나 허가가 필요한 상품의 자세한 내용은 [상품 분류] 항목의 설명문 중 [상품 정보 고시 작성 가이드]를 클릭하면 확인할 수 있습니다. 미리 준비돼 있다면 쉽게 입력할 수 있습니다.

🔵16 [인증 서류 제출]의 경우, '상품 분류' 항목과 마찬가지로 프로젝트를 준비해야
하며 미리 인증 서류를 확보했다면 해당 분야를 선택한 후 파일을 업로드해 쉽
게 입력할 수 있습니다. 인증 서류에 대한 좀 더 자세한 내용은 [인증 서류 제출]
항목의 설명문 중 [가이드 확인하기]를 클릭해 확인할 수 있습니다. 제공하는 리
워드가 인증 서류가 필요하지 않은 상품이라면 인증 서류를 제출하지 않고 다
음으로 진행해도 됩니다.

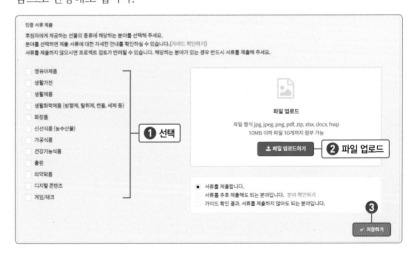

잠깐만요 **공개예정**

'공개예정'은 현재(2020년 12월) 베타 서비스 중으로, 와디즈의 '오픈 예정'과 같이 프로젝트를 시작하기 전, 일부 후원자에게 미리 공개해 알림 신청을 받을 수 있는 기능입니다. 공개예정은 최대 15일간 진행할 수 있으며 공개 기간동안 알림 신청을 한 후원자에게 오픈 알림 메시지가 전달돼 프로젝트 초반에 후원을 유도할 수 있죠. 공개예정을신청하려면 공개예정 항목의 [신청하기] – [공개예정 프로젝트 진행하기]를 차례로 선택한 후 [프로젝트 공개일시를정확하게 표시합니다.]나 [프로젝트 공개일시가 바뀔 수 있어 대략적으로(초, 중순, 말) 표시합니다.] 중 원하는 공개일 표기방식을 선택하면 됩니다.

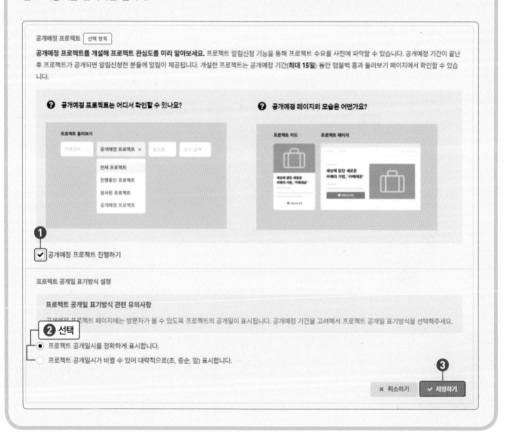

[스토리텔링] 탭에는 말 그대로 상세페이지에 들어가는 스토리와 영상, 이미지 등을 업로드할 수 있습니다.

01 [프로젝트 소개 영상] 항목에 업로드한 영상은 상세페이지 상단에 메인 영상으로 노출됩니다. 첨부 파일 형식과 용량에 제한이 있기 때문에 영상을 제작할 때도 파일 형식과 용량에 맞춰 제작해야 합니다. [영상 파일 선택하기]를 클릭한 후 업로드할 영상을 선택하고 [열기]를 클릭하면 선택한 영상이 업로드됩니다.

TIP

프로젝트 소개 영상을 선택 항목으로 업로드하지 않으면 [프로젝트 개요] 탭에서 업로드한 대표 이미지가 상세페이지의 상단에 노출됩니다.

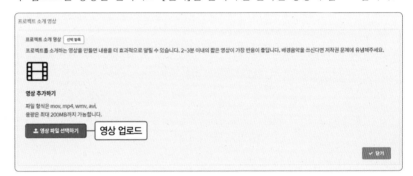

02 [프로젝트 스토리]에는 미처 넣지 못했던 프로젝트와 관련된 내용을 작성할 수 있습니다. 템플릿을 제공하기 때문에 각 항목에 맞춰 내용을 입력하거나 원하는 형식과 내용을 입력하면 됩니다. 인터넷이라는 특성상 자칫하면 작성 중인 내용이 저장되지 않을 수도 있으므로 문서 작성 프로그램에서 작성한 후에 옮기는 것을 추천합니다. 이때 문서 프로그램에서 적용한 서식은 그대로 반영되지 않을 수 있으므로 이미지 배치 등과 같이 구성을 잡는 것을 목적으로 작성하는 것이 좋습니다.

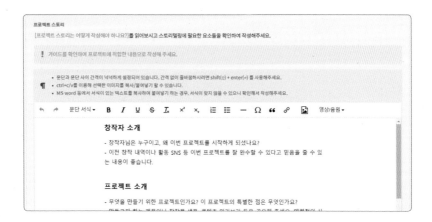

[계좌 설정] 탭

프로젝트 게시가 멀지 않았습니다. [계좌 설정] 탭에서는 진행자 정보와 입금받을 계좌 정보 등을 입력합니다.

01 '이메일 인증' 항목을 클릭하면 원하는 이메일 주소를 입력할 수 있습니다. 인증된 이메일로 검토한 결과, 정산 사항 등과 같은 중요한 정보가 발송되기 때문에 평소 자주 사용하는 메일로 설정해야 합니다. 인증받을 이메일 주소를 넣은 후 [인증메일 받기]를 클릭합니다. 인증 메일이 오면 [이메일 인증하기] 버튼을 눌러 인증을 완료합니다.

02 본인 인증을 위해 진행자 명의의 휴대폰으로도 인증받아야 합니다. 진행자 본인 명의의 휴대폰 번호를 입력한 후 [인증받기]를 클릭해 인증을 완료합니다.

03 크라우드 펀딩은 개인이나 사업자 모두 진행할 수 있지만 필요한 서류는 다릅니다. 개인의 경우에는 입금 계좌의 통장 사본과 계좌 번호만 준비하면 되지만 사업자의 경우에는 사업자 번호와 입금 계좌의 통장 사본이 필요합니다. '입금 계좌' 항목의 계좌 종류를 선택한 후 예금 계좌, 예금주명, 거래 은행 등을 모두 입력하고 [등록하기]를 클릭합니다.

🪙 TIP

입금 계좌는 본인 인증을 완료해야만 입력할 수 있습니다.

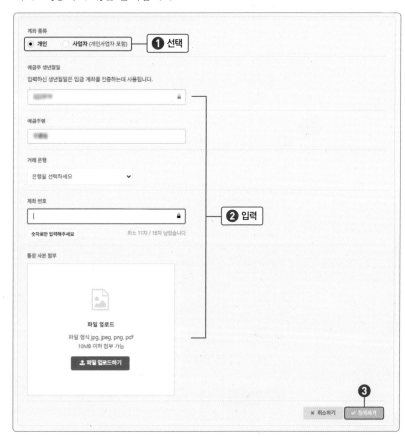

04 프로젝트가 성공하면 텀블벅에서 수수료에 대한 전자세금계산서를 발행합니다. 개인의 경우에는 주민등록증 사본, 사업자는 사업자등록증 사본이 필요합니다. '입금 항목' 계좌와 같이 발행 종류, 이메일, 성명 등 각 항목을 모두 입력한 후 [등록하기]를 클릭합니다.

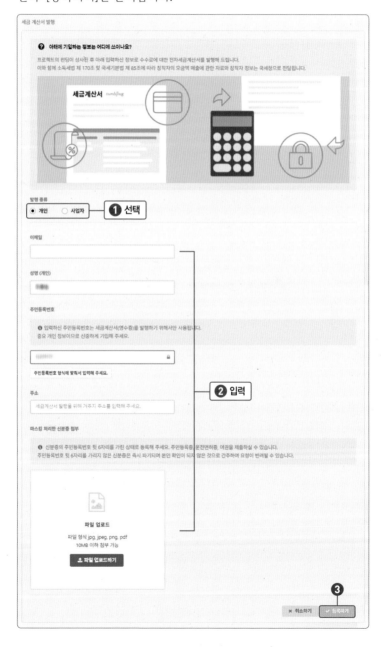

y

175

프로젝트와 관련된 내용을 모두 작성했습니다. 이제, 등록할 프로젝트가 규정을 위반했거나 다른 문제는 없는지 검토를 요청해야 합니다. 검토 신청 전 [미리보기]를 클릭해 상세페이지에 들어 있는 내용이 원하는 대로 잘 보이는지, 빠진 부분은 없는지 최종적으로 확인합니다. 미리보기까지 모두 확인한 후 [검토 요청하기]를 클릭해 검토를 신청합니다. 검토에는 2~3일 정도가 소요되며 등록한 내용에 큰 문제가 없다면 승인받을 수 있습니다.

승인 결과는 프로젝트 페이지에서 확인할 수 있습니다. 승인이 완료되면 프로젝트 등록 페이지 위에 메시지와 [펀딩 시작하기]가 표시됩니다. [펀딩 시작하기]를 클릭하면 프로젝트를 시작할 수 있습니다.

 TIP

검토 승인 결과는 이메일 인증에 입력한 메일로도 전달됩니다.

 잠깐만요 **승인되지 않는다면?**

신청한 프로젝트가 바로 승인되지 않는 경우도 있습니다. 이런 경우 부족한 부분을 보완하면 다시 검토를 요청할 수 있습니다. 이메일 인증에 입력한 메일 주소로 전달된 보완 사항을 천천히 읽어보고 부족한 부분을 보완한 후 재검토를 신청하면 됩니다.

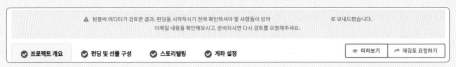

하지만 프로젝트가 반려된 경우에는 프로젝트를 진행할 수 없습니다. 정책상 진행할 수 없는 사유나 저작권 등의 위반이 있을 경우 반려되기 때문에 프로젝트를 준비하면서 필요한 서류나 플랫폼별 정책을 미리 꼼꼼히 확인해야 합니다.

와디즈 프로젝트 신청하기

이번에는 와디즈의 프로젝트 정보 입력부터 신청까지의 과정을 살펴보겠습니다. 여기서는 제품이나 서비스를 리워드로 제공하는 펀딩에 대해서만 알아보겠습니다.

와디즈 홈페이지에 회원 가입한 후 홈페이지 오른쪽 위의 [프로젝트 오픈 신청] – [펀딩 오픈 신청하기]를 차례대로 선택한 후 [프로젝트 시작하기]를 클릭합니다.

프로젝트에 대한 정보를 작성하기 전에 기본 정보를 입력해야 합니다. 메이커(기업)명, 개인·사업자 구분, 관리자명 등을 입력한 후 [시작하기]를 클릭합니다.

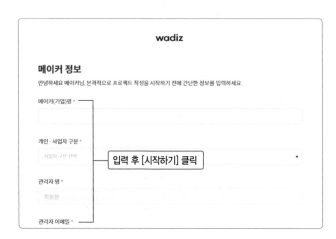

본격적으로 프로젝트에 대한 정보를 입력할 수 있는 'Maker Studio'가 표시됩니다. 화면의 안내 사항을 확인한 후 [다음]을 클릭합니다.

TIP

'Maker Studio' 안내 페이지 마지막의 체크리스트를 확인한 후 모두 체크 표시를 해야 다음으로 진행할 수 있습니다.

'Maker Studio'는 프로젝트 작성과 수정, 업데이트 등 프로젝트 진행자가 프로젝트와 관련된 모든 정보를 확인하고 수정할 수 있는 곳입니다. 그럼 본격적으로 하나씩 살펴보겠습니다.

① **펀딩 준비**: 펀딩 준비는 프로젝트 등록을 위한 필수 항목을 작성하는 메뉴입니다. 기본 요건, 기본 정보, 스토리 정보, 리워드 설계, 위험 요인 및 정책을 작성할 수 있습니다.

② **새소식**: 새소식은 진행자가 작성하는 공지사항 게시판으로 오픈 이후에도 주기적으로 프로젝트 소식을 전할 수 있는 공간입니다. 새소식을 작성하면 후원자에게 알림이 발송됩니다.

③ **오픈 예정 현황**: 오픈 예정 서비스를 신청한 진행자만 확인할 수 있는 곳으로, 오픈 예정 페이지의 방문자, 알림 신청자 수 등의 데이터를 확인할 수 있습니다.

④ **펀딩 현황**: 펀딩 전반에 관한 모든 정보를 확인할 수 있으며, 후원자가 어떤 경로로 유입돼 후원했는지 확인할 수 있는 데이터 대시보드도 여기서 확인할 수 있습니다.

⑤ **결제 현황**: 예상 결제일과 결제 완료 금액, 결제 완료율, 결제 완료 건수 등을 확인할 수 있습니다.

⑥ **펀딩, 발송 관리**: 리워드 발송을 위한 후원자 정보를 확인할 수 있습니다. 정확한 후원자 내역은 최종 결제 완료 후 다시 한번 확인해야 합니다. 프로젝트 마감 후 4영업일 동안 결제 누락이나 취소 건이 있을 수 있기 때문에 최종 결제까지 완료된 후에는 확인하는 것이 정확합니다.

⑦ **수수료 관리**: 수수료 내역을 확인할 수 있습니다. 기본 수수료 6%에 오픈 예정 서비스(3%)나 데이터 플러스(2%, 베타 기간 무료) 서비스 이용 시의 수수료와 결제 수수료 내역까지 한 번에 확인할 수 있습니다.

⑧ **광고 센터**: 프로젝트를 오픈해야만 이용할 수 있는 서비스로, 진행자가 와디즈의 광고 시스템을 이용해 직접 광고 소재를 만들고 금액을 결제해 와디즈 내의 광고 영역에 광고를 노출할 수 있습니다.

⑨ **자료 및 도움말**: 와디즈 가이드가 모여 있는 노션 페이지로 연결됩니다.

[펀딩 준비] 탭은 프로젝트에 대한 정보를 작성하는 곳으로, 프로젝트를 시작하려면 기본 요건, 기본 정보, 스토리 작성, 리워드 설계, 위험 요인 및 정책, 메이커 정보를 입력해야 합니다. 'Maker Studio' 위의 [미리보기]를 클릭하면 입력한

내용이 상세페이지에 어떻게 보이는지 확인할 수 있고 [임시 저장]을 클릭하면 지금까지 입력된 정보를 저장할 수 있습니다. 여기서는 펀딩 준비의 기본 요건부터 순서대로 작성해보겠습니다. 'Maker Studio'의 왼쪽 메뉴에서 [펀딩 준비] - [기본 요건]을 차례대로 클릭합니다.

 기본 요건

01 리워드가 앞으로 진행할 프로젝트에서 처음 선보이는 제품이라면 [아니요], 이미 유통했거나 유통 중이라면 [예]를 선택하면 됩니다. [예]를 선택한 경우, 이전 제품과 동일하면 프로젝트를 진행할 수 없으므로 개선 등을 거쳐 기존 제품과 다른 제품으로 인식돼야 합니다.

 TIP

[예]를 선택한 경우, 이전 제품 대비 개선된 점을 구체적으로 작성해야 합니다.

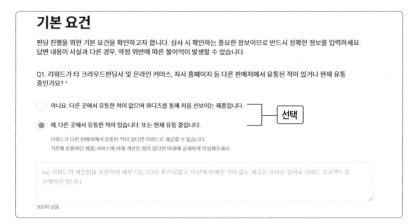

02 현재까지의 리워드 또는 프로젝트의 제작 상황과 앞으로의 제작 계획을 구체적으로 입력합니다.

> **Q2. 현재까지 진행된 리워드의 준비 상태 및 앞으로의 계획을 구체적으로 설명해주세요.** *
>
> 1) 리워드가 유형의 제품인 경우 제작 공정에 따른 현재 리워드의 제작 상태 및 제조 시설명과 일일 최대 생산 가능량을 포함한 앞으로의 생산 계획을 작성해주세요.
> 2) 공연, 영화, 전시 등 무형 서비스인 경우, 장소 대관, 촬영 일정 등의 현재 준비 상태 및 앞으로의 계획을 작성해주세요.
>
> 원고가 3/2 이상 작성된 상태로, 펀딩이 종료되면 완성할 수 있습니다. **입력**
>
> 459자 남음

03 리워드 전달 계획을 입력합니다. 배송이 필요한 리워드의 경우, 일일 최대 배송량이나 일일 배송량을 소화하지 못했을 경우의 대비책 등을 구체적으로 입력하면 됩니다. 배송이 필요 없는 공연이나 전시 같은 경우, 한 번에 수용할 수 있는 최대 인원, 일 최대 예약 수량 등을 구체적으로 입력하면 됩니다.

04 필수 서류를 등록합니다. [등록하기]를 클릭하면 [리워드 종류 및 제작 형태] 팝업창이 표시되고 팝업창의 목록에서 해당하는 리워드 종류의 [선택]을 클릭한 후 팝업창의 지시에 따라 필수 서류를 업로드하거나 메일로 제출할 수 있습니다. 필수 서류를 제출한 후 [등록]을 클릭합니다.

 TIP

리워드의 종류가 여러 가지라면 각 리워드별 필수 서류를 제출해야 합니다. 사전에 필수 서류가 무엇인지 체크하고 준비해둘 것을 권장합니다.

잠깐만요 **리워드 종류별 필수 서류 확인하기**

리워드의 종류에 따라 서류를 제출하지 않아도 되거나 리워드를 발송하기 전에 제출하면 되는 경우가 있습니다. 이런 리워드는 [리워드 종류 및 제작 형태] 팝업창에서 리워드 종류를 선택하면 표시되는 화면의 [해당하는지 확인하기]를 클릭해 확인할 수 있습니다.

 오픈 예정 서비스 신청 여부를 선택합니다. 오픈 예정 서비스를 신청하면 3%의 추가 수수료가 부과되지만 가능하면 이용하는 것이 좋습니다.

06 와디즈의 리워드 기본 수수료는 7%입니다. 하지만 기본 수수료에 결제 대행 수수료 2.4%가 추가되고 오픈 예정 서비스까지 신청한 경우 전체 수수료는 12.4%입니다. 물론 부가세는 별도이므로 12.4%의 10%인 1.24%가 추가됩니다. 이 부분까지 고려해 정산할 때 당황하는 일이 없도록 주의해야 합니다. 수수료 정책 안내까지 확인한 후 [저장하기]를 클릭합니다.

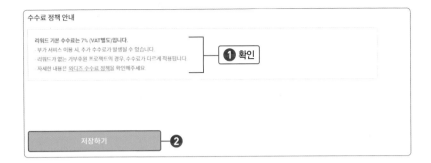

 기본 정보

이제 프로젝트의 기본 정보를 입력하는 방법을 알아보겠습니다. 'Maker Studio'의 왼쪽 메뉴에서 [펀딩 준비] - [기본 정보]를 차례대로 클릭합니다.

01 프로젝트 제목과 목표 금액을 입력합니다. 목표 금액은 최소 50만 원부터 최대 1억 원까지 설정할 수 있습니다.

02 대표 이미지에 등록한 이미지는 프로젝트 섬네일에 표시됩니다. 텍스트나 로고가 삽입된 이미지는 대표 이미지로 사용할 수 없습니다.

03 프로젝트에 적합한 카테고리를 선택합니다. 정확하게 일치하는 카테고리가 없을 경우 가장 연관성 있는 카테고리를 선택하면 됩니다.

04 프로젝트 종료일을 설정합니다. 프로젝트 종료일은 최소 7일부터 최대 60일까지 설정할 수 있습니다. 프로젝트 종료일을 설정하면 '펀딩 결제일'과 '정산금 지급예정일'이 표시됩니다. '펀딩 결제일'은 프로젝트가 마감된 후 결제가 되지 않은 후원자를 대상으로 재결제까지 완료되는 날짜, 정산금 지급 예정일은 프로젝트 진행자의 계좌로 후원금이 입금되는 날짜입니다. 후원금은 한 번에 입금되지 않고 분할돼 입금됩니다. 정산에 대한 자세한 내용은 224쪽을 참고하세요.

 TIP

프로젝트 신청 후 심사에 최대 7일까지 소요되기 때문에 심사 일정까지 고려해 프로젝트 마감일을 설정해야 합니다.

05 와디즈 기획전을 통해 지원한 프로젝트라면 해당 기획전 또는 파트너사를 선택해야 기획전 혜택을 받을 수 있습니다. 기획전은 와디즈 자체의 프로모션 차원에서 기획전을 열거나 파트너사와의 협업으로 진행합니다. 기획전 참여는 공개 모집으로 진행되기 때문에 와디즈 홍보 채널과 홈페이지에서 확인할 수 있습니다.

06 진행하려는 프로젝트가 성인만 참여할 수 있는 프로젝트라면 성인 인증에 체크 표시를 하고 관련 없는 항목이라면 다음 항목으로 이동합니다.

07 검색용 태그는 와디즈의 후원자가 해당 태그로 검색했을 때 진행자의 프로젝트를 노출하기 위한 설정입니다. 후원자가 어떤 키워드로 검색할지를 고려해 설정하면 됩니다. 태그는 최대 10개까지 입력할 수 있습니다. 기본 정보의 모든 항목을 설정한 후 [저장하기]를 클릭합니다.

이제 프로젝트의 상세페이지를 등록해보겠습니다. 스토리는 텀블벅과 같이 오 프라인 문서 프로그램에 작성한 후 옮기는 것을 추천합니다. 'Maker Studio'의 왼쪽 메뉴에서 [펀딩 준비] - [스토리 작성]을 차례대로 클릭합니다.

01 프로젝트 페이지 상단에 노출할 영상이나 이미지를 등록합니다. 영상의 경우 URL로만 등록할 수 있기 때문에 유튜브(YouTube)나 비메오(Vimeo)에 상세 페이지에 등록할 영상을 업로드한 후 해당 URL을 입력해야 합니다. 만약, 영상 과 이미지를 모두 등록하면 영상이 노출되기 때문에 영상을 업로드했다면 대표 이미지를 따로 제작하지 않아도 됩니다.

02 프로젝트 요약에는 단순히 프로젝트를 요약한 글을 등록할 수도 있지만, 후원 자가 얻을 수 있는 이익을 구체적으로 전달하는 것이 좋습니다. 프로젝트 요약 의 노출 위치가 대표 영상이나 이미지 바로 아래이기 때문에 잠재 후원자가 프 로젝트 요약 글만 보고도 호기심을 느끼도록 할 수 있습니다.

프로젝트 요약 *
프로젝트 페이지 상단 및 지지서명 시 노출됩니다.

뿔뿔이 흩어져 있던 크라우드 펀딩 노하우를 하나에 모았습니다. 크라우드 펀딩의 이론부터 실전 지식까지 한 번에 가져가세요!   ──[입력]

32자 남음

프로젝트 요약 미리보기 페이지

03 스토리 광고 심의는 온라인에서 상품을 판매할 때 허위·과장 광고를 막기 위한 심의 내용입니다. 예를 들면, '효과를 보증한다는 표현을 쓰면 안 된다.'라거나 '최고, 최상의 표현을 쓰면 안 된다.'와 같은 내용입니다. 구체적인 내용은 스토리 광고 심의 동의 아래의 가이드라인을 클릭하면 확인할 수 있으며 가이드라인을 확인한 후에 스토리를 작성하길 권장합니다. 스토리에 어떤 표현이 포함되면 안 되는지 자세히 검토해야 합니다. 가이드라인을 확인한 후 [동의하기]를 클릭하고 광고 심의 동의의 각 항목을 클릭해 체크 표시를 한 후 [스토리 작성 시작하기]를 클릭합니다.

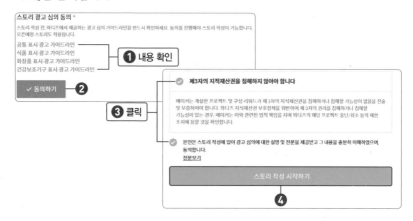

프로젝트 스토리를 어떻게 작성해야 할지 막막하다면 가이드를 참고하면 됩니다. 가이드를 참고해 문서 프로그램에 작성한 후 옮겨 넣으면 한결 수월합니다.

오픈예정 스토리 *
프로젝트 오픈 전, 오픈예정 스토리를 통해 서포터에게 프로젝트를 미리 알려주세요.

프로젝트 스토리를 그대로 넣기 보단 핵심 위주로 채워 넣어주세요.

1. 메이커 소개

◦ "안녕하세요" 라는 인사와 함께 간단한 자기소개를 넣어주세요. 브랜드/팀명은 무엇이고, 이번 프로젝트에서 어떤 역할을 담당하는 지 소개해보세요.
◦ 메이커님의 얼굴을 확인할 수 있는 실물사진을 넣어주세요. 일러스트나 뒷모습, 얼굴이 가려진 사진은 사용 불가합니다.

2. 프로젝트 진행 동기

◦ 왜 와디즈에서 펀딩을 진행하려 하시나요? 펀딩을 시작하게 된 계기를 간단하게 적어주셔도 좋습니다. 펀딩을 통해 이루고자 하는 목표도 알려주세요.

종종 '오픈 예정 스토리'에 '프로젝트 스토리'의 내용을 그대로 복사해 붙여 넣는 진행자가 있습니다. 하지만 오픈 예정 스토리에는 강조하고 싶은 핵심적인 내용만 언급하는 것이 효과적입니다. 오픈 예정 스토리를 본 후원자가 프로젝트 스토리까지 확인하고 후원으로 이어지게 유도하는 장치인 셈이죠. 그렇기 때문에 오픈 예정 스토리에는 후원자가 받을 수 있는 혜택을 강조하는 것이 중요합니다. 그럼 오픈 예정 스토리에는 어떤 내용이 포함되는 것이 좋을까요?

 TIP

오픈 예정 스토리는 오픈 예정 서비스를 신청한 진행자만 입력할 수 있습니다. 오픈 예정 서비스에 대한 좀 더 자세한 내용은 210쪽을 참고하세요.

• **메이커(진행자) 소개**: 메이커 소개는 기본 요소로 프로젝트 진행자나 팀의 전문성을 효과적으로 전달할 수 있는 요소입니다.

• **프로젝트 계기 및 동기**: 프로젝트를 시작하게 된 계기나 동기는 후원자를 설득할 수 있는 효과적인 요소입니다. 프로젝트를 시작하게 된 계기는 결국 자연스럽게 리워드를 만들게 된 이유가 되기 때문에 좋은 스토리를 만들 수 있습니다.

- **리워드 소개**: 대부분의 후원자는 리워드를 받기 위해 후원에 참여하기 때문에 '이번 후원에 참여하면 어떤 리워드를 받을 수 있는지'를 미리 알려줘야 합니다.

- **리워드 리스트**: 리워드 소개를 마쳤다면 리워드가 어떻게 구성돼 있는지 다시 소개합니다. 리워드에 대한 모든 내용을 포함하는 것이 좋습니다.

- **알림 신청 혜택**: 프로젝트 알림을 신청한 후원자가 어떤 혜택을 받을 수 있는지를 소개하는 것은 매우 중요합니다. 알림까지 신청한 잠재 후원자가 받을 수 있는 혜택을 소개하면 좀 더 적극적인 참여를 이끌어낼 수 있습니다. 알림 신청은 프로젝트가 오픈되면 알림을 받겠다는 의미로, 후원자들은 오픈 예정 페이지에서 알림 신청을 선택할 수 있습니다. 보통 관심 있는 프로젝트의 얼리버드 리워드 혜택을 놓치지 않기 위해 신청합니다.

05 스토리 작성을 모두 마친 후 [저장하기]를 클릭합니다.

리워드 설계

앞서 소개한 텀블벅의 리워드 등록 방법과 약간 차이가 있기 때문에 좀 더 자세히 살펴보겠습니다.

'Maker Studio'의 왼쪽 메뉴에서 [펀딩 준비] - [리워드 설계]를 차례대로 선택하면 리워드를 등록할 수 있습니다. 리워드를 설계하기 전에 리워드 설계 조건을 꼭 확인하세요. 가장 중요한 점은 혜택이 많은 리워드부터 정렬해야 한다는 것과 프로젝트 종료일 이후 3개월 이내에 배송해야 한다는 것입니다.

[추가하기]를 클릭하면 [리워드 편집] 팝업창이 표시돼 금액, 리워드명, 상세설명 등을 입력할 수 있습니다.

① 리워드 금액을 입력합니다. 리워드 금액은 최소 1,000원부터 입력할 수 있습니다.

② 리워드명을 입력합니다. 리워드명은 리워드에 포함돼 있는 구성을 잘 표현할 수 있는 이름이 좋습니다. 만약, 얼리버드 리워드라면 후원자가 얼리버드 리워드라는 것을 인지할 수 있도록 '[얼리버드]'와 같은 글머리를 표시하는 것이 좋습니다.

③ 상세설명을 입력합니다. 리워드의 구성과 할인 혜택, 배송비 조건 등과 옵션을 선택하는 리워드라면 옵션에 대한 설명도 함께 입력하는 것이 좋습니다. 리워드 구성이 많을 때는 후원자가 한눈에 알아보기 쉽도록 일목요연하게 입력해야 합니다.

④ [옵션조건]을 선택합니다. 각인, 메시지 등 후원자마다 다른 옵션이 필요할 경우 [직접 입력 옵션]을 선택하고 모자나 신발 사이즈와 같이 지정된 옵션 중 하나를 고르는 경우에는 [선택 옵션]을 선택합니다. [선택 옵션]에 옵션을 추가하려면 [선택 옵션]을 선택한 후 [옵션 설정]에 원하는 옵션을 입력하면 됩니다. 각 옵션은 [Enter]를 눌러 구분할 수 있습니다. 예를 들어, 리워드가 '온라인 코칭권'이라면 코칭을 희망하는 날짜를 선택할 수 있는 옵션을 추가하면 됩니다. 입력한 옵션은 [옵션 미리보기]에서 확인할 수 있습니다.

 TIP

옵션이 없는 리워드의 경우, [옵션 없음]을 선택하면 됩니다.

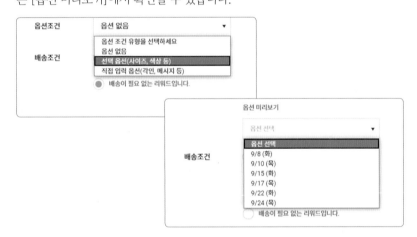

⑤ 리워드에 대한 배송조건을 입력합니다. 배송비가 리워드에 포함된 경우 [배송이 필요한 리워드입니다.]를 선택한 후 [배송료]에 '0'을 입력하면 됩니다. 이때 리워드 상세설명에 배송비가 포함돼 있다는 것을 분명히 알려야 후원자의 혼란을 예방할 수 있습니다.

 TIP

배송이 필요 없는 리워드라면 [배송이 필요 없는 리워드입니다.]를 선택하면 되겠죠?

⑥ 한 명의 후원자가 선택할 수 있는 리워드의 수량을 제한할 수 있습니다. 제한할 수량을 입력하고 수량 제한을 두지 않으려면 다음 항목으로 이동합니다.

⑦ 발송 시작일을 입력합니다. 프로젝트 마감 후 4영업일 동안 재결제가 진행되기 때문에 발송 시작일은 최종 결제일 이후로 설정하는 것이 좋습니다. 모든 항목을 입력한 후 [리워드 편집] 팝업창의 [저장]을 클릭합니다.

TIP

생성된 리워드 카드의 [편집]을 클릭하면 리워드 카드를 수정할 수 있습니다.

잠깐만요 추가 금액이 발생하는 옵션은 어떻게?

길이 연장이나 색상 변경 등의 옵션 변경으로 추가 금액이 발생하는 리워드의 경우, 별도의 리워드 카드를 만들면 간단하게 해결할 수 있습니다. 이와 같이 추가 리워드 카드를 만들 때는 상세설명에 추가 금액에 대해 자세히 설명해주는 것이 좋습니다.

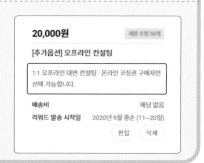

'Maker Studio'의 왼쪽 메뉴에서 [펀딩 준비] – [위험 요인 및 정책]을 차례대로 클릭하면 이러한 프로젝트에 대한 설명과 리워드에 대한 정보 제공 고시를 입력할 수 있습니다.

크라우드 펀딩은 먼저 후원금을 받은 후 나중에 리워드를 제작하는 '선주문 후제작' 방식이기 때문에 여러 위험 요인이 있을 수 있다는 것을 후원자에게 고지해야 합니다. 그뿐 아니라 「전자상거래 등에서의 상품 등의 정보제공에 관한 고시법」에 따라 프로젝트를 통해 후원자에게 전달할 리워드에 대한 상품 정보를 고시해야 합니다.

01 '리워드 정보 제공 고시'의 [추가하기]를 클릭한 후 리워드로 제공하는 제품의 종류를 선택합니다. 제품 종류마다 입력해야 하는 정보가 달라 각 항목을 어떻게 입력해야 할지 모르겠다면 오른쪽의 [리워드 정보 제공 고시 작성가이드]를 클릭해 카테고리별 상품정보고시 작성 예시를 다운로드할 수 있습니다. 리워드로 제공하는 제품이 2개 이상일 경우 각각의 상품 정보를 따로 고시해야 합니다. 이벤트로 제공하는 상품이나 제공하는 리워드의 부속품, 예비품은 입력하지 않아도 됩니다.

02 '펀딩금 반환 정책'은 2020년 1월 17일부터 시행된 것으로, 리워드의 하자나 발송 지연이 있을 경우 후원자에게 펀딩금을 환불하는 정책입니다. [정책 확인하기]를 클릭하면 표시되는 [펀딩금 반환 정책] 팝업창에서 자세한 내용을 확인할 수 있습니다. 팝업창의 내용을 확인한 후 모든 항목에 동의하고 팝업창 아래의 [펀딩금 반환 정책을 확인했습니다.]를 클릭합니다.

💰 **TIP**

'펀딩금 반환 정책'에 모두 동의한 후 화면으로 돌아오면 펀딩금 반환 정책과 관련해 후원자에게 노출되는 내용을 확인할 수 있습니다.

03 '펀딩금 반환 정책'과 관련해 [하자로 인정되지 않는 경우]를 입력할 수 있습니다. 선택사항으로 입력하지 않아도 되지만 후원자가 하자로 오해할 수 있을 만한 내용을 모두 입력하는 것이 좋습니다.

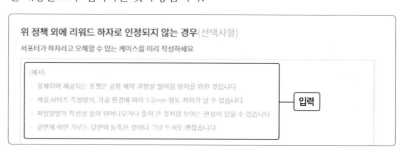

리워드로 제공할 제품의 A/S 정책을 입력합니다. 어떤 내용을 입력해야 할지 모르겠다면 예시로 제공하는 가이드를 참고해 필요한 정보를 덧붙여 입력하면 됩니다.

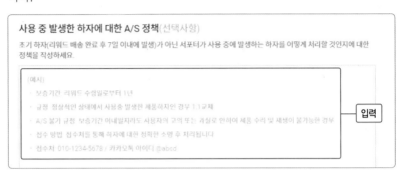

 잠깐만요 펀딩 반환금 정책

크라우드 펀딩은 제품(아이디어) 제작에 필요한 자금을 먼저 받은 후 제품을 제작해 보내는 것이기 때문에 여러 취약점이 있습니다. 대표적인 예로는 받은 제품에 하자가 있거나 처음 설명과는 다른 제품이 오는 경우, 예상보다 제작 기간이 길어져 배송이 지연되는 경우 등을 들 수 있습니다. 최근 크라우드 펀딩 산업이 발전하면서 이런 고질적인 문제도 그대로 노출되고 있는데요. 점점 사고의 횟수나 임팩트가 커지자, 와디즈는 2020년 1월 17일부터 펀딩금 반환 정책을 시행하고 있습니다.

① 펀딩금 반환을 신청할 수 있는 경우는?
• 사전 고지된 리워드 발송일로부터 90일 이상 배송이 지연되는 경우
• 리워드 수령 7일 이내 제품의 하자가 확인될 경우

② 제품의 하자 기준은?
• 리워드의 유통 및 제작에 법적인 문제가 있는 경우
• 리워드의 내용이 표시·광고 내용과 현저하게 다를 경우
• 정상적인 사용 상태에서 리워드의 기능 / 성능상 오작동이 발생하는 경우
• 리워드가 작동하지 않는 경우
• 주요 성분 미기재로 후원자에게 중대한 신체상의 피해를 입힌 경우

③ 하자로 인정되지 않는 것은?
• 진행자가 프로젝트 페이지 내에 명시적으로 고지한 하자 불인정 사유에 해당하는 경우
• 서포터의 귀책 사유로 리워드의 일부 또는 전체에 분실·파손·고장·오염·훼손이 발생한 경우
• 모니터 해상도의 차이로 색상이나 이미지가 실제와 다른 경우

- 공연, 디지털 콘텐츠, 여행 패키지 상품, 무형 서비스 및 콘텐츠의 제공이 완료됐을 경우
- 신선식품 또는 정기구독 서비스일 경우
- 서포터의 제품 숙지 미숙으로 문제가 발생했을 경우

④ 펀딩금 반환 방법

후원자가 신청한 펀딩금 반환 사유가 기준에 부합한다면 펀딩금은 카드 결제 취소 방식으로 반환됩니다. 정산금은 모두 후원자에게 반환되고 진행자에게도 결제 대행 수수료가 환급됩니다. 하지만 와디즈에 지불한 운영수수료는 환불되지 않으니 참고하세요.

 메이커 정보

메이커 정보에는 진행자의 정보와 정산 계좌 등의 정보를 입력합니다. 'Maker Studio'의 왼쪽 메뉴에서 [펀딩 준비] - [메이커 정보]를 차례대로 선택합니다.

01 메이커명을 입력합니다. 개인의 경우에는 프로젝트 진행자의 이름을 입력하고 사업자의 경우에는 법인명이나 상호명을 입력하면 됩니다.

메이커명 *

법인사업자는 법인등기부상 법인명 / 개인 사업자는 주민등록상 성명 또는 상호 / 개인은 주민등록상 성명을 입력하세요.

신장훈 —— **입력**

27자 남음

---

02 메이커 프로필 이미지를 등록합니다. [등록하기]를 클릭한 후 프로필로 등록할 이미지를 선택하고 [열기]를 클릭하면 됩니다.

메이커 프로필 이미지 *

📷 등록하기 —— **메이커 프로필 이미지 업로드**

3MB이하의 JPG, JPEG, PNG 파일, 사이즈: 300X300 픽셀 이상

---

03 프로젝트를 공동으로 관리하는 멤버의 이메일을 입력합니다. 선택사항이므로 입력하지 않아도 됩니다.

04 후원자가 문의할 수 있는 연락처를 입력합니다.

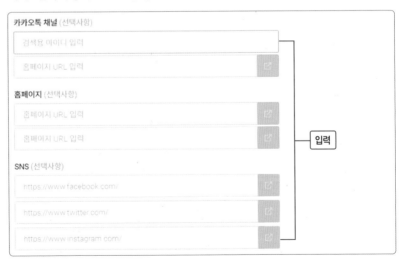

05 프로젝트나 진행자의 정보를 알 수 있는 SNS 채널이나 홈페이지 주소를 입력합니다. 선택사항이므로 운영 중인 SNS 채널이 없다면 입력하지 않아도 됩니다.

06 '정산 정책 확인'의 [펀딩금 정산 확인하기]를 클릭하면 와디즈 정산 정책을 확인할 수 있습니다. 프로젝트 종료 후 1, 2차로 나눠 정산되며, 최종 결제 금액에 따라 정산 비율이 달라질 수 있다는 내용의 정책을 확인한 후 [와디즈 정산 정책을 확인했습니다.]를 클릭하고 [확인]을 클릭합니다. 정산과 관련된 내용은 224쪽에서 자세히 알아보겠습니다.

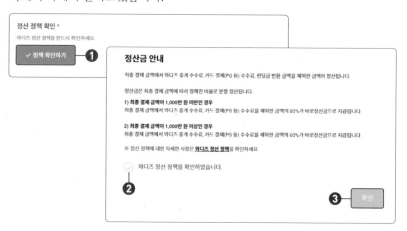

07 사업자 구분을 선택합니다. [개인], [개인사업자], [법인사업자] 중 하나를 선택할 수 있으며 선택한 항목에 따라 입력하거나 제출해야 할 서류가 다릅니다. 입력해야 하는 정보가 많은 것 같지만 다음 표를 참고해 미리 준비하면 쉽게 등록할 수 있습니다.

 TIP

사업자 구분이 [개인]인 미성년자는 프로젝트를 진행할 수 없습니다.

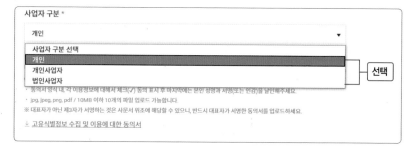

개인	개인사업자	법인사업자
• 대표자 정보 수집 및 이용 • 동의서 • 대표자명 • 대표자 이메일 • 대표자 휴대폰 번호 • 공동 대표자 정보 • 대표자 주민등록번호 • 세금계산서 발행 이메일 • 계좌 정보 • 통장 사본	• 사업자등록번호 • 상호 또는 법인명 • 사업자등록증 • 대표자 정보 수집 및 이용 동의서 • 대표자명 • 대표자 이메일 • 대표자 휴대폰 번호 • 공동 대표자 정보 • 세금계산서 발행 이메일 • 계좌 정보 • 통장 사본	• 사업자등록번호 • 상호 또는 법인명 • 사업자등록증 • 대표자 정보 수집 및 이용 동의서 • 등기사항전부증명서(등기 부등본) • 대표자명 • 대표자 이메일 • 공동 대표자 정보 • 세금계산서 발행 이메일 • 계좌 정보 • 통장 사본

08 선택한 사업자 구분에 필요한 항목을 모두 입력한 후 [저장하기]를 클릭합니다. 프로젝트 정보를 모두 정상적으로 입력했다면 다음과 같은 메시지가 표시됩니다. 이제 프로젝트 등록을 위한 모든 준비가 완료됐습니다.

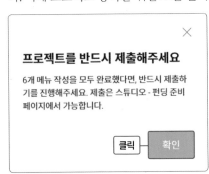

'Maker Studio'의 왼쪽 메뉴에서 [펀딩 준비]를 선택한 후 [제출하기]를 클릭하면 지금까지 작성한 프로젝트를 제출해 검토 요청을 할 수 있습니다. 검토 결과는 3~5영업일 내에 등록한 이메일과 휴대폰으로 발송됩니다.

🐷 TIP

작성이 완료되지 않은 항목이 있다면 [제출하기]가 활성화되지 않습니다. 작성이 완료되지 않은 항목은 [펀딩 준비]의 메뉴에 '작성 중'이나 '작성하기'로 표시됩니다.

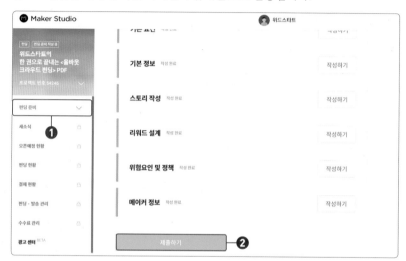

검토 결과, 기본 요건 확인이 완료되면 전자약정서와 와디즈 메인 배너나 광고에 사용할 이미지를 전달해야 합니다. 전자약정서는 와디즈와 진행자 간의 계약이라고 생각하면 이해하기 쉽습니다. 전자약정서는 '메이커 정보'에 입력한 대표자 이메일로 발송됩니다. 사업자 기준 2인 대표 이상일 경우, [메이커 정보]에 입력한 모든 대표자가 전자약정서에 서명해야 약정서 체결이 완료됩니다. 첫 번째 대표자의 서명이 완료되면 다음 대표자에게 전자약정서가 순차적으로 발송됩니다.

대표자 이메일로 발송된 전자약정서를 확인하고 노란색으로 표시된 곳을 빠짐없이 체크한 후 [그리기 도구]로 약정서에 서명해야 하며 인감 이미지는 사용할 수 없습니다. 통장사본, 사업자등록증 사본 등 필요 서류를 모두 업로드하고 정보도 빠짐없이 입력했다면 [입력 완료] 버튼을 눌러 마칩니다.

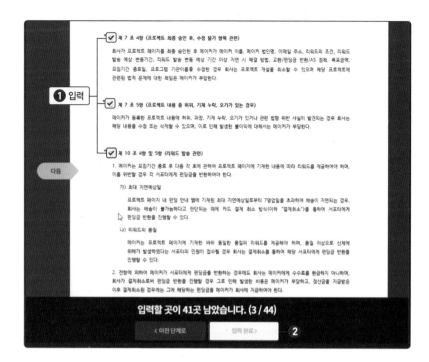

① 입력

제 7 조 4항 (프로젝트 최종 승인 후, 수정 불가 항목 관련)

회사가 프로젝트 페이지를 최종 승인한 후 메이커가 메이커 이름, 메이커 법인명, 이메일 주소, 리워드의 조건, 리워드 발송 예상 변동기간, 리워드 발송 변동 예상 기간 이상 지연 시 해결 방법, 교환/펀딩금 반환/AS 정책, 목표금액, 모집기간 종료일, 프로그램 기관이름을 수정한 경우 회사는 프로젝트 개설을 취소할 수 있으며 해당 프로젝트에 관련된 법적 문제에 대한 책임은 메이커가 부담한다.

제 7 조 5항 (프로젝트 내용 중 허위, 기재 누락, 오기가 있는 경우)

메이커가 등록한 프로젝트 내용에 허위, 과장, 기재 누락, 오기가 있거나 관련 법령 위반 사실이 발견되는 경우 회사는 해당 내용을 수정 또는 삭제할 수 있으며, 이로 인해 발생한 불이익에 대해서는 메이커가 부담한다.

제 10 조 4항 및 5항 (리워드 발송 관련)

1. 메이커는 모집기간 종료 후 다음 각 호에 관하여 프로젝트 페이지에 기재한 내용에 따라 리워드를 제공하여야 하며, 이를 위반할 경우 각 서포터에게 펀딩금을 반환하여야 한다.

   가) 최대 지연예상일

   프로젝트 페이지 내 펀딩 안내 탭에 기재된 최대 지연예상일로부터 7영업일을 초과하여 배송이 지연되는 경우, 회사는 배송이 불가능하다고 판단되는 때에 카드 결제 취소 방식(이하 "결제취소")을 통하여 서포터에게 펀딩금 반환을 진행할 수 있다.

   나) 리워드의 품질

   메이커는 프로젝트 페이지에 기재한 바와 동일한 품질의 리워드를 제공해야 하며, 품질 이상으로 신체에 위해가 발생하였다는 서포터의 민원이 접수될 경우 회사는 결제취소를 통하여 해당 서포터에게 펀딩금 반환을 진행할 수 있다.

2. 전항에 의하여 메이커가 서포터에게 펀딩금을 반환하는 경우에도 회사는 메이커에게 수수료를 환급하지 아니하며, 회사가 결제취소로써 펀딩금 반환을 진행할 경우 그로 인해 발생한 비용은 메이커가 부담하고, 정산금을 지급받고 이후 결제취소된 경우에는 그에 해당하는 펀딩금을 메이커가 회사에 지급하여야 한다.

다음

입력할 곳이 41곳 남았습니다. (3 / 44)

‹ 이전 단계로 | 입력 완료 › **②**

잠깐만요 전자약정서를 작성할 때 주의할 점!

전자약정서에 업로드하는 통장사본, 사업자등록증 등의 파일은 프로젝트 등록 시 [메이커 정보]에 입력한 정보와 동일해야 합니다. 각 정보가 다를 경우 약정서를 다시 작성해야 하기 때문에 프로젝트 승인까지 더 많은 시간이 소요됩니다. 법인사업자의 경우 '연대책임자 정보'가 프로젝트 진행자 정보와 일치해야 합니다. 또한 법인등록번호는 '사업자등록번호'가 아닌 '법인등록번호'를 입력해야 합니다.

전자약정서와 함께 리워드 이미지를 발송해야 합니다. 리워드 이미지는 프로젝트가 성공적으로 진행될 경우 와디즈의 배너나 광고에 사용할 수 있는 리워드 이미지 10장 내외를 미리 발송하는 것으로, 다음 사항을 참고해 메일로 발송하면 됩니다.

리워드(제품) 이미지를 발송해주세요.

오픈 후 프로젝트가 성공적으로 진행되면 배너/광고에 선정되기도 합니다. 이때 사용될 깔끔하게 잘 나온 **리워드 이미지 10장 정도**를 압축해서 reward@wadiz.kr로 보내주세요

① 가로세로 **1000px 이상** 이미지로 전송해주세요.

② 드라이브 공유는 받지 않습니다. **zip 파일**을 직접 첨부해주세요.

③ 메일 제목, 파일명 : **프로젝트번호 + 프로젝트명**을 기재해주세요.
　　　　ex) 40350_카모클렌징패드

④ 유형 리워드 : 제품이 잘 나온 사진 (누끼컷, 연출컷 모두 OK)
　　무형 리워드 : 포스터, 현장 촬영컷 등 특징을 잘 보여줄 수 있는 사진

잠깐만요 **와디즈 프로젝트 등록 절차**

와디즈의 프로젝트 등록 절차의 경우 텀블벅과 비교했을 때 상대적으로 복잡하다고 느낄 수도 있습니다. 하지만 와디즈에서 제공하는 프로젝트 준비부터 정산까지의 프로세스를 정리한 이미지를 보면 큰 흐름을 잡는 데 도움이 될 것입니다.

● **프로젝트(펀딩 준비) 작성**

● **프로젝트 제출하기**

● **요건 확인 받기 (피드백 반영)**
와디즈 리워드심사팀의 피드백을 받게 됩니다.

● **콘텐츠 확인 받기 (피드백 반영)**
전자약정서 체결, 이미지 발송, 와디즈 리워드운영팀의 피드백을 받게 됩니다.

● **프로젝트 오픈**
오픈예정 진행 프로젝트의 경우 오픈예정이 우선 게시됩니다.

● **프로젝트 종료**
종료일 24:00에 프로젝트가 종료됩니다.

● **1~4차 결제**
종료일 다음 영업일부터 17:00마다 결제가 실행됩니다.

● **리워드 발송, 프로젝트 정산**
분할 정산의 경우, 모든 리워드 발송이 확인된 이후 정산이 마무리됩니다.

09

프로젝트 홍보

"내 아이디어는 너무 좋아서 프로젝트를 등록하기만 하면 많이 후원받을 수 있을 거야! 홍보는 플랫폼에서 알아서 해주겠지."라고 생각했나요? 하지만 프로젝트를 등록했다고 해서 후원금이 저절로 모이지 않고 플랫폼에서도 처음부터 적극적으로 홍보해주지 않습니다. 진행자가 적극적으로 홍보하지 않으면 목표 금액 달성에 실패할 확률이 높아집니다. 이번에는 심혈을 기울여 만든 내 프로젝트를 어떻게 홍보하면 좋은지 알아보겠습니다.

홍보 준비하기

초기 후원자를 확보하려면 프로젝트와 홍보를 동시에 준비해야 합니다. 이번에는 홍보 방법에는 무엇이 있고 어떻게 실행해야 하는지 알아보겠습니다.

📑 시작은 3F부터

'3F'는 'Family', 'Friend', 'Fan(또는 Fool)'의 앞글자를 따서 만든 용어입니다. 또는 진행자가 영향력을 미칠 수 있는 범위라는 의미로 '이너써클(Inner Circle)'이라는 용어를 사용하기도 합니다. 여기서는 좀 더 직관적인 3F를 설명하겠습니다. 가족과 친구 그리고 팬들은 가장 가까운 잠재 후원자입니다. 컨설팅 과정에서 3F에서부터 홍보를 시작해야 한다고 이야기하면 "지인 장사를 하라는 말이냐?"라는 반응이 돌아오기도 합니다. 하지만 가장 가까운 지인조차 설득할 수 없다면 일면식 없는 일반 대중은 더욱 설득하기 어렵겠죠.

3F는 단순히 '지인 장사'가 아닌 프로젝트의 선봉대이자 충성 고객입니다. 가장 가까이에서 준비 과정을 지켜봤기 때문에 누구보다 열성적으로 프로젝트를 응원해줄 사람들인 셈이죠. 3F는 끝이 아닌 시작을 이끄는 사람들로 성공의 디딤돌이 돼주기 때문에 프로젝트를 준비하면서 적극적으로 피드백을 구하고 도움을 요청해야 합니다.

📑 커뮤니티를 찾자

내 프로젝트에 관심을 가질 만한 사람들이 모여 있는 커뮤니티를 찾아보세요. 커뮤니티는 카페, 블로그, 모임, 오픈 채팅, 페이스북 그룹, 네이버 밴드 등 매우 다양합니다. 이미 이런 커뮤니티에 가입해 활동 중이라면 가장 좋지만, 그렇지 않다면 내 프로젝트에 관심을 가질 만한 사람들이 많이 모인 커뮤니티를 찾아 가입하고 활동해야 합니다. 내 프로젝트가 공예와 관련된 프로젝트라면 페이스북에서 '핸드메이드', '공예', '수공예' 등을 검색해 커뮤니티를 찾을 수 있겠죠. 이는 다른 커뮤니티 채널도 마찬가지입니다. 그룹이나 채널마다 다르겠지만, 게시글을 등록하려면 특정 활동 조건을 갖춰야 하는 경우가 대부분이므로 지금 당장 가입하는 것을 추천합니다.

페이스북 그룹 '공예' 검색 결과

🛠 인플루언서를 찾자

인플루언서(Influencer)는 블로그, 인스타그램, 유튜브와 같은 SNS 채널에서 영향력 있는 사람을 일컫는 말로, 홍보를 위해 인플루언서를 찾을 때는 단순히 구독자 수만을 확인할 것이 아니라 평소 어떤 주제의 콘텐츠를 주로 업로드하는지를 확인해야 합니다. 예를 들어 디자인 소품 프로젝트를 진행하면서 단순히 영향력이 크다는 이유만으로 푸드 인플루언서를 선택하면 효과가 반감될 수도 있습니다. 해당 인플루언서의 구독자는 음식과 관련된 정보를 얻기 위해 구독했기 때문에 다른 주제의 정보는 그다지 필요하지 않기 때문입니다.

하지만 인플루언서가 꼭 몇십 만 명, 몇백 만 명의 구독자를 둔 사람이 아닐 수 있습니다. 저는 앞에서 소개한 '광덕 빗자루'라는 전통 빗자루 프로젝트를 진행하면서 홍보를 위해 페이스북에서 '광덕 빗자루'를 검색한 후 '광덕 빗자루'에 관련된 글을 업로드한 사람 중 게시글의 '좋아요' 수가 많고 팔로우가 많은 사람을 찾았죠. 게시글 중 지역 관광 상품과 관련해 광덕 빗자루를 살려야 한다는 취지의 글이 있어 좀 더 알아보니, 마침 해당 글을 업로드한 사람이 어느 대학 관광학과 교수님이었습니다. 교수님인 만큼 많은 학교 관계자와 학생이 팔로우하고 있었고 정중히 메시지를 보내 광덕 빗자루의 취지를 설명한 결과, 프로젝트 진행 내내 광덕 빗자루 프로젝트를 적극적으로 홍보해주셨습니다. 그리고 교수님의 페이스북 게시글을 보고 많은 분의 참여가 이어져 좋은 성과를 얻었죠. 이렇게 내 프로젝트와 관련된 분야에 잠재 후원자가 많으면서도 사회 활동이 활발하다면 내 프로젝트에 적합한 인플루언서일 수 있습니다. 이런 식으로 있는 인플루언서의 범위를 확장해 생각해본다면 더욱 효율적으로 홍보 할 수 있습니다.

🧹 체험단을 운영하자

체험단은 프로젝트 오픈 전, 후와 관계없이 언제 운영하더라도 좋은 홍보 방법입니다. 아직 세상에 나오기 전의 제품인 만큼 아무리 상세하게 설명한다고 하더라도 직접 눈으로 보고 만지는 것보다는 피부에 덜 와닿기 마련이죠. 하지만 체험단을 운영하면 잠재 후원자는 실제 체험을 통해 프로젝트를 신뢰하게 되고 궁금점을 해소할 수 있기 때문에 프로젝트에 참여할 가능성이 높아집니다.

예를 들어 보드게임의 경우, 보드게임 관련 커뮤니티 회원과 게임 시연 모임을 주기적으로 갖고 시연의 피드백을 받아 제품을 개선할 수도 있죠. 그뿐 아니라 시연에 참여하고 피드백을 준 회원들은 프로젝트가 오픈했을 때 든든한 잠재 후원자이자 선봉대가 됩니다. 패션 분야에서도 관심 있는 사람들이 직접 제품을 보고 만질 수 있도록 쇼룸을 운영해 신뢰도를 높이기 위한 노력을 기울일 수도 있습니다.

🧹 박람회를 적극 활용하자

박람회는 오프라인에서 할 수 있는 가장 좋은 홍보 방법입니다. 박람회장에는 특정 주제에 관심 있는 사람이 많이 모이기 때문에 잠재 후원자를 모을 수 있는 절호의 기회입니다. 이렇게 같은 주제에 관심이 있는 사람을 한 번에 만나 홍보할 수 있는 기회는 박람회가 아니면 잡기 어려울 것입니다.

크라우드 펀딩을 앞두고 박람회를 가장 효과적으로 활용하는 방법은 잠재 후원자의 연락처를 모으는 것입니다. 박람회장에서 제품을 판매하면 그것으로 끝이지만, 잠재 후원자를 모아 크라우드 펀딩을 진행하면 더 많은 사람에게 확산할 수 있습니다. 따라서 박람회에서는 최대한 많은 사람에게 제품을 체험하도록 권하고 프로젝트 시작 전 미리 프로젝트를 알릴 수 있도록 이메일이나 전화번호 등을 모으는 것이 좋습니다. 그리고 연락처를 제공한 사람에게는 프로젝트 준비와 관련된 새로운 소식들을 지속적으로 알리는 것이 중요합니다. 제품의 업데이트 상황도 좋고 프로젝트 준비 과정도 좋습니다. 이 과정에서 다양한 설문조사를 실시할 수도 있습니다. 여기서 중요한 점은 프로젝트를 시작하기 전까지 관심을 유지하는 것입니다. 이메일뿐 아니라 카카오 플러스 친구 등 메신저를 활용할 수도 있습니다. 박람회에서 이메일 주소를 모으는 것과 더불어 카카오 플러스 친구를 등록하는 등 다방면에서 잠재 후원자를 확보하는 것이 중요합니다.

🎪 이벤트를 하자

지금 텀블벅이나 와디즈 등의 크라우드 펀딩 플랫폼에 방문하면 수많은 프로젝트가 이벤트를 진행하고 있는 것을 볼 수 있습니다. 오픈 예정인 프로젝트는 알림 신청 이벤트, 이미 시작한 프로젝트는 공유 이벤트를 진행하고 있습니다. 왜 이렇게 많은 이벤트가 진행되고 있는 것일까요?

이벤트마다 목적은 다르겠지만, 궁극적인 목표는 후원자의 적극적인 입소문을 유도하는 것입니다. 이벤트는 내 프로젝트의 홍보는 물론, 후원자를 통한 자발적인 홍보까지 이뤄지기 때문에 일석이조의 효과를 기대할 수 있습니다. 이벤트는 천차만별이지만 그중에서도 필수로 진행하는 이벤트가 있습니다. 크게 프로젝트 시작 전, 프로젝트 진행 중, 프로젝트 마감 후로 나눠 각각 다른 이벤트를 진행하는데, 각 시기마다 할 수 있는 이벤트를 다음 장에서 구체적으로 알아보겠습니다.

프로젝트 시작 전 홍보 전략

프로젝트 시작 전 홍보의 주요 목적은 잠재 후원자를 모으는 것입니다. 이제 프로젝트 시작 전 잠재 후원자의 중요성은 더 이상 이야기하지 않아도 잘 알 것입니다. 프로젝트 시작 전, 잠재 후원자를 확보하고 홍보하는 방법을 알아보겠습니다.

블로그, 홈페이지 등 운영 중인 채널을 활용하자

이미 블로그나 홈페이지, 페이스북 등의 자체 채널을 운영하고 있다면 프로젝트를 시작하기 전에 공지를 올려야 합니다. 당연한 이야기지만, 단순히 '크라우드 펀딩 프로젝트를 진행합니다!'로만 끝나면 안 됩니다. 블로그를 구독하는 사람이나 팬들과 함께 만들어가는 느낌을 줄 수 있어야 합니다. 예를 들어, 크라우드 펀딩을 통해 책을 만든다면 이 책에 어떤 내용을 담을 것인지, 분량은 어느 정도인지, 종이 재질은 무엇인지, 양장판으로 만들어지는지, 표지 디자인은 A 안이 좋은지 B 안이 좋은지 등 사소한 것까지도 내 채널을 찾는 사람들과 소통해야 합니다.

이런 식으로 소통한다면 훨씬 더 사람이 원하는 책을 만들 수 있고 프로젝트에 대한 지속적인 관심을 이끌어낼 수 있으며 좀 더 정확한 수요를 예측할 수도 있습니다.

플랫폼의 오픈 예정 서비스 활용

와디즈는 '오픈 예정', 텀블벅은 '공개예정'라는 이름으로 오픈 예정 서비스를 제공합니다. 잠재 후원자가 프로젝트 알림을 신청하면 프로젝트가 시작된 후에 알림이 발송됩니다. 이런 알림은 내 프로젝트에 관심을 갖고 있는 적극적인 잠재 후원자를 파악하기 좋은 서비스로, 알림 신청 수에 따라 프로젝트의 성공을 점칠 수 있기 때문에 적극적으로 활용하길 추천합니다.

알림 신청을 한 후원자는 프로젝트 초기에 참여할 가능성이 높기 때문에 알림 신청자를 최대한 많이 모아야 하고 알림 신청을 유도하기 위한 이벤트를 진행해야 합니다.

랜딩 페이지 만들기

'랜딩 페이지'는 링크를 클릭한 사용자가 처음 보게 되는 웹 페이지로, 크라우드 펀딩에서는 오픈 예정 서비스를 이용하지 않거나 내 프로젝트에 적합한 잠재 후원자를 찾기 위한 홍보 전략을 세우고 싶을 때 활용할 수 있습니다. 랜딩 페이지는 유료 광고를 집행한 후 광고 성과를 분석하기 좋고 구상한 디자인 요소를 자유롭게 배치할 수도 있기 때문에 플랫폼에서 제공하는 오픈 예정 서비스보다 활용 범위가 넓습니다.

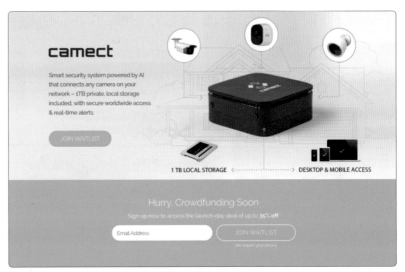

'Camect Home Smart Camera' 프로젝트의 랜딩 페이지(출처: Camect)

'전문 지식 없이 이런 랜딩 페이지를 혼자 만드는 것이 어렵지 않을까?'라는 걱정을 할 수 있지만, 간단한 웹 페이지를 손쉽게 만들 수 있도록 지원하는 무료 서비스를 활용하면 얼마든지 랜딩 페이지를 제작할 수 있습니다. 더욱이 이미지와 텍스트만 바꾸면 언제든 그대로 활용할 수 있는 템플릿을 제공하기 때문에 랜딩 페이지 제작에 대한 부담을 덜 수 있습니다. 국내 서비스로는 'Wix', '아임웹', 해외 서비스로는 'Unbounce' 등을 들 수 있습니다.

사이트 제작 플랫폼 'Wix'(출처: Wix)

프로젝트 오픈 후 홍보 전략

프로젝트를 오픈했다면 이제부터는 목표 금액을 향해 달리는 일만 남았습니다. 그리고 더 많은 대중에게 알릴 수 있는 홍보 전략을 세워야 합니다. 프로젝트 진행 중 가장 중요한 것은 대중의 관심이 유지되도록 하는 것입니다.

목표 금액 달성 축하 기념 이벤트를 열자

목표 금액이 100% 달성됐다면 축하 기념 이벤트를 진행합니다. 이벤트를 구실로 프로젝트가 성공했다는 것을 많은 후원자에게 알릴 수 있기 때문입니다. 목표 금액 달성 이벤트에는 여러 유형이 있지만, 어떤 이벤트를 진행해야 할지 모르겠다면 다음 유형을 참고해 이벤트를 진행해보세요.

- 프로젝트 공유
- 프로젝트 공유 및 펀딩 참여
- SNS에 특정 해시태그를 붙여 업로드
- 커뮤니티 등에 추천 글 작성
- 카카오 플러스 친구 등록

위 유형 중에서는 프로젝트를 공유하고 펀딩에 참여하는 이벤트를 가장 많이 진행합니다. 펀딩에 참여하지 않고 이벤트에만 참여하려는 후원자를 방지하기 위한 것이죠. 만약 최대한 많은 사람에게 프로젝트를 공유하는 것이 목적이라면 프로젝트 공유 이벤트를 추천합니다.

간혹 이벤트를 진행하면서 이벤트 종료일, 참여 방법 등을 누락해 후원자에게 혼란을 주는 경우가 있습니다. 이벤트를 설계할 때는 반드시 다음과 같은 정보를 포함해야 합니다.

- 이벤트 참여 조건

- 이벤트 주의 사항
- 이벤트 참여 방법
- 당첨자 발표일 / 발표 방법
- 이벤트 상품 전달 방법

업데이트 정보는 게시판과 상세페이지에 모두 등록하자

프로젝트와 관련된 소식은 모두 게시판에 등록해야 합니다. 텀블벅의 경우 '커뮤니티', 와디즈의 경우 '새소식'이라는 게시판이 있습니다. 게시판에 새로운 소식을 업데이트하면 후원자에게 자동으로 메일이 발송됩니다. 이미 후원한 사람들이기 때문에 프로젝트 소식이 발송되면 관심을 갖고 다시 방문합니다. 이때 위의 이벤트 내용이 게시돼 있으면 후원에 참여한 사람들이 다시 이벤트에 참여하고 이를 공유하면서 프로젝트를 확산시킬 수 있습니다.

처음 프로젝트를 방문한 사람은 게시판을 확인하지 않기 때문에 공유 이벤트 소식을 모를 수도 있습니다. 그렇기 때문에 상세페이지 상단에 간략하게 이벤트 등의 소식을 업데이트하고 자세한 내용은 게시판 게시글로 링크를 걸어두면 이벤트로 유도할 수 있습니다.

다만, 너무 많은 새 소식이 발송될 경우 후원자가 메일을 스팸 처리할 수도 있기 때문에 일주일에 1~2개 정도로 후원자가 관심 있을 법한 소식만 등록하는 것이 좋습니다. 후원자에게 도움이 되는 내용인지가 중요하기 때문에 적합한 주제라면 횟수는 부수적일 수 있습니다.

보도자료를 배포하자

보도자료는 목표 금액이 100% 이상 달성되는 시점에 맞춰 배포하는 것이 좋습니다. 그리고 달성 시점이 빠를수록 좋습니다. 그래야만 사람들에게 성공적인 프로젝트라는 인식을 심어줄 수 있고 '어떤 프로젝트이길래 이토록 인기가 많지?'라는 궁금증을 불러일으킬 수 있기 때문이죠. 지금까지 홍보 활동이 주변 지인과 커뮤니티 그리고 크라우드 펀딩 플랫폼 회원들로 국한됐다면 보도자료는 불특정 다수를 대상으로 한 홍보입니다. 잠재 후원자를 불러모을 수도 있고 관련 업종의 웹진이나 홍보 매체에 소개된다면 비즈니스 관계자의 주목을 받아 다양한 기회의 발판이 되기도 합니다.

'모놀로그 치약' 프로젝트 100% 달성 보도기사

그럼 보도자료는 어떻게 배포해야 할까요? 우선 같은 카테고리나 유사한 프로젝트의 크라우드 펀딩 관련 기사를 검색해보세요. 그리고 어떤 매체의 어떤 기자가 보도자료를 작성했는지 파악해 리스트를 작성합니다. 보도자료를 어떻게 작성해야 할지 모르겠다면 '보도 자료 작성 방법' 등을 검색해 참고합니다. 이제 미리 작성한 리스트와 지금까지 참고한 보도자료를 바탕으로 보도자료를 작성해 기자에게 발송합니다. 보도자료는 오전 8시~8시 30분 사이에 발송하는 것이 좋습니다. 직업의 특성상 기자는 매우 많은 메일을 받을 수밖에 없습니다. 그러니 9시쯤 출근해 메일을 확인한다고 가정했을 때 받은 메일함의 상단에 놓일 수 있는 시간이 바로 이 시간인 것이죠.

더욱 확실하게 하기 위해 담당 기자에게 직접 전화를 하는 방법도 있습니다. 해당 매체의 담당 기자에게 전화를 걸어 보도자료를 메일로 전달했다는 이야기와 함께 기사 작성을 부탁한다면 보도자료가 배포될 확률이 더욱 높아집니다.

만약 이런 과정이 힘들다면 유료 서비스를 사용하는 방법이 있습니다. '뉴스 와이어'라는 서비스는 보도자료를 제휴된 미디어와 매체 그리고 기자에게 배포해주는 서비스입니다. 뉴스 와이어를 이용하면 보도자료를 손쉽게 많은 매체에 배포할 수 있습니다. 뉴스 와이어는 유료 서비스로, 베이직 상품의 경우 비교적 저렴한 비용으로 이용할 수 있기 때문에 시간이 부족할 경우 시도해볼 수 있는 좋은 방법입니다.

뉴스 와이어(출처: 뉴스와이어)

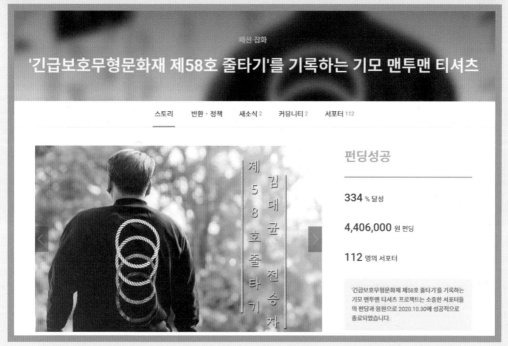

'긴급보호무형문화제 제58호 줄타기' 프로젝트(출처: 와디즈)

Q 인터뷰에 앞서 간단한 소개 부탁드립니다.

13,326개에 달하는 우리나라 문화재의 이미지를 담아 제품을 만들고 이를 판매해서 수익의 일부를 문화재와 셰어하는 브랜드 13326입니다. 저는 대학생 시절부터 대한민국 마케팅을 꿈꾸며 아리랑으로 비트박스 공연을 하면서 세계일주를 하기도 했습니다. 뉴욕, 싱가폴 등에서 일하다가 대한민국 마케팅을 해보고 싶다는 생각으로 한국에 돌아오게 됐고, 2015년 한국적인 것이 무엇인지를 찾기 위해 대한민국의 문화재를 소개하는 채널을 역사를 공부하는 친구와 함께 진행하다가 한국의 많은 무형 문화재가 어려움 속에 사라져간다는 것을 알고 이를 돕기 위해 뭔가 해보고 싶다는 생각을 하게 됐습니다. 그 당시에는 자본도, 실력도 없어서 제품에 도전해볼 생각을 하지 못했는데 5년간, 도시 마케팅을 하면서 영상, 사진, 마케팅을 커버할 수 있다는 자신이 생겼고 마침 크

라우드 펀딩이라는 플랫폼도 생겨 도전하게 됐습니다. 첫 번째 주제로 긴급 보호 무형 문화재인 줄타기를 주제로 제품을 만든 후 와디즈를 통해 펀딩을 진행했고 약 440만 원(334%)이라는 수치로 마감하게 됐습니다.

Q 왜 '크라우드 펀딩'이었나요? 크라우드 펀딩을 열게 된 계기가 무엇인가요?

최근 전통을 담은 제품이 반응을 얻고는 있지만, '우리에게 익숙하지 않은 주제를 담은 패션 제품이 잘 판매될까?'라는 우려가 있었습니다. 아무래도 펀딩이 아닌 방식으로 사업을 시작하면 제품 재고 비용, 마케팅 비용 등 초기 비용이 너무 많이 들기 때문에 리스크가 있다고 판단했고 펀딩을 통해 재고 부담 없이 마케팅과 브랜딩에만 집중해 테스트해보려는 목적으로 펀딩을 시작하게 됐습니다.

Q 크라우드 펀딩을 준비하는 분들에게 꼭 전하고 싶은 노하우나 꿀팁이 있나요?

제 경우에는 문화재라는 주제로 한국문화재 재단과 협의하에 진행한 프로젝트였기 때문에 기사화를 위해 한글날을 런칭일로 맞춰 준비했습니다. 런칭까지의 준비 기간이 단 3주였고 와디즈 오픈 전날 샘플이 나와서 모델을 구할 시간도 없이 제가 직접 모델을 한 사진을 넣었습니다. 한글날이라는 키워드에 맞춰 한글을 주제로 한 티셔츠를 제작하고 한국문화재재단과 함께 기사까지 내봤지만 펀딩에는 큰 도움이 되지 않았던 것 같습니다. 샘플 자체가 부족하다 보니 협찬 마케팅을 진행하기 어려워서 펀딩 마지막날에 주변 사람들을 모델로 촬영하거나 현장에 온 셀럽들에게 샘플을 입히는 형식으로 진행했습니다. 제 경험으로는 펀딩 자체의 오픈일을 특별한 날짜에 맞추는 것보다는 제품과 마케팅이 준비됐을 때 여유 있게 오픈하는 게 좋다고 생각합니다.

다음에 펀딩을 하게 된다면 사전 오픈 신청을 반드시 진행하고 프로젝트 준비 기간을 좀 더 길게 잡아 사진, 스토리, 영상, 마케팅 협의, 제품 기획 등을 좀 더 철저히 준비한 후에 오픈할 생각입니다. 특히 펀딩은 첫날에 높은 금액이 나와야 플랫폼의 메인에 노출되고 그 이후에 제품력으로 판매돼야 하는 형태이기 때문에 첫날에 펀딩 금액을 높이는 게 중요한 것 같습니다.

Q 펀딩 과정 중 힘들었던 점, 아쉬웠던 점, 미처 생각하지 못해 당황스러웠던 점이 있었나요? 만약 있었다면 어떻게 해결하셨나요?

펀딩을 3주만에 준비하다 보니 S, M, L 중 M 사이즈만 준비된 상태에서 펀딩을 오픈하게 됐습니다. 어쩔 수 없이 펀딩 상세 페이지에도 M 사이즈 피팅 사진만 올라갔는데, 제품에 관심은 있지만 사이즈에 확신을 갖지 못해 구매하지 않은 소비자가 꽤 많았던 것 같습니다. 사이즈 가이드라인을 위해서는 굳이 셀럽이나 특별한 사람이 아닌, 일반인 피팅 샷이 중요하다는 생각에 지인들의 스냅 사진을 저희 브랜드 제품과 함께 찍어주는 이벤트를 진행해 사진을 얻었고, 이를 SNS에 노출해 펀딩이 좀 더 활성화될 수 있었습니다.

Q 크라우드 펀딩 진행 중 특히 기억에 남는 후원자나 에피소드가 있나요?

초반에 펀딩을 활성화하기 위해 주변 사람들에게 열심히 홍보했는데, 제가 다니던 대학의 교수님이 스냅 이벤트를 할 때 홍대로 찾아와 모델이 돼 주셨습니다. 교수님이 중년 모델의 느낌을 멋지게 살려주신 덕분에 부모님께 선물하겠다며 펀딩하신 분들이 예상보다 많았습니다. 교수님 이외에도 정말 생각지도 못한 분들의 펀딩을 받게 돼 제 인간관계를 다시 한번 되돌아보고 감사함을 느낄 수 있었던 시간이었습니다.

Q 추천하는 크라우드 펀딩 플랫폼이 있나요? 추천 이유도 알려주세요.

제 브랜드는 펀딩 금액의 일부를 무형 문화재에 기부하는 형태를 갖고 있는데, 텀블벅은 기부 형태의 브랜드가 허용되지 않아 부득이 와디즈에 오픈하게 됐습니다. 저희처럼 사회적 이슈와 함께 기부하는 형태의 브랜드라면 와디즈가 좋은 플랫폼이라고 생각합니다.

Q 크라우드 펀딩에 성공할 수 있었던 이유가 무엇이라 생각하시나요?

성공했다고 말하기에는 어려운 수치이지만, 제가 앞으로 진행할 사업의 가능성을 검증하기에는 충분했습니다. 우선 저희 프로젝트의 경우, 무형 문화재를 돕는다는 공공적인 목적에 공감해 구매해 주신 분들이 많았고, 사전에 한국문화재재단과 협약서를 쓰고 시작했던 상황이라 좀 더 믿음을 드릴 수 있었습니다. 제가 사진, 영상, 마케팅을 어느 정도 할 수 있어서 홍보 사진, 홍보 영상, 마케팅 머터리얼들을 만들 때 직접 대응할 수 있었던 것도 펀딩을 성공시키는 데 도움이 됐던 것 같습니다.

Q 창작자의 입장에서 크라우드 펀딩이 구체적으로 어떤 도움이 됐나요?

펀딩은 아이디어는 있지만 비용 때문에 시작하지 못하는 사람들이나 소비자의 피드백을 통해 좀 더 나은 브랜드를 만들고자 하는 사람들에게 기회를 제공해주는 것 같습니다.

Q 크라우드 펀딩 종료 후 달라진 점이 있다면?

우선 제가 입고 다닐 티셔츠가 많이 늘었어요. 이전까지 마케팅과 영상에 관한 일을 해왔는데, 제가 직접 제품을 출시하고 마케팅을 위해 뛰어다니다 보니 제품에 대한 인사이트가 좀 더 생긴 것 같고 이전에는 두렵게만 느꼈던 제품 및 브랜드의 시작에 대한 두려움이 조금 사라진 것 같습니다.

Q 크라우드 펀딩에 도전하기 전부터 준비했던 것이 있으신가요? 그리고 그 이유는 무엇인가요?

크라우드 펀딩에 도전하기 전에 일러스트와 포토샵을 공부했습니다. 아무래도 그래픽을 활용하는 패션 브랜드이다 보니 일러스트레이터나 디자인해주시는 분과 소통해야 하는데, 포토샵과 일러스트 활용이 가능해지면서 제가 원하는 부분을 좀 더 명확히 전달할 수 있었습니다. 첫 프로젝트 준비 기간이 3주이다 보니 제품 제작까지 많은 이슈가 있었는데, 급할 때 제가 필요한 부분을 요청할 정도의 실력을 갖추고 있었기 때문에 제작 회사와 손발을 맞춰 성공적으로 오픈할 수 있었다고 생각합니다.

Q 이 책의 제목처럼 '진짜' 크라우드 펀딩으로 돈을 벌 수 있나요?

크라우드 펀딩만으로는 수익성이 높지 않을 수도 있다고 생각합니다. 크라우드 펀딩은 자신의 아이디어 또는 브랜드를 처음 세상에 내놓는 데 좋은 마케팅 도구라 생각합니다. 이를 잘 활용하면 좀 더 시행착오를 줄이고 잘 준비된 제품을 세상에 내놓을 수 있을 것입니다.

10

프로젝트 마감 후

프로젝트가 성공적으로 마감돼 후원금을 정산받고 리워드를 배송하면 드디어 하나의 프로젝트가 마무리됩니다. 프로젝트가 마감된 이후의 마지막 절차를 알아보겠습니다.

정산

크라우드 펀딩은 프로젝트에 후원한 즉시 결제되는 방식이 아니라 프로젝트 마감일까지 설정한 후원금이 모여 프로젝트가 성공해야만 결제되는 예약 결제 방식입니다. 그렇다면 어떤 절차로 결제가 진행되고 정산받을 수 있는지 알아보겠습니다.

텀블벅

크라우드 펀딩의 특성상 프로젝트에 참여한 후원자의 결제는 프로젝트가 종료된 후에 진행됩니다. 텀블벅의 경우 프로젝트가 종료된 다음 날부터 결제가 진행되며 결제 계좌의 잔액 부족이나 결제 카드의 한도 초과로 인한 결제 실패 등을 고려해 결제 시작일로부터 7일간 결제가 진행됩니다. 그리고 결제 종료일로부터 7영업일에 후에 정산금이 지급됩니다.

텀블벅 정산 절차

결제	프로젝트 마감 다음 날로부터 7일간
정산	정산금 일괄 지급, 결제 종료 다음 날로부터 7영업일

와디즈

와디즈는 정산금을 두 번에 나눠 지급합니다. 정산금은 최종 결제 금액을 기준으로 1,000만 원 미만인 경우 정산금의 80%가 바로 지급되고 나머지 20%는 리워드 발송과 펀딩금 반환 절차가 모두 완료된 후에 지급됩니다. 최종 정산금이 1,000만 원 이상인 경우에는 정산금의 60%가 바로 지급되고 나머지 40%는 리워드 발송과 펀딩금 반환 절차가 모두 완료된 후 지급됩니다.

와디즈 역시 프로젝트가 종료된 다음 날부터 결제가 시작되며 4영업일 동안 결제가 진행됩니다. 그리고 프로젝트 마감일로부터 10일 이내에 정산에 관련된 메일이 진행자에게 발송됩니다. 정산 메일을 받은 진행자가 메일에 첨부된 정산내역서를 확인한 후 [정산금 지급 신청하기]를 선택해 정산을 요청하면 결제 종료 이후 돌아오는 화요일 또는 목요일에 정산금이 지급됩니다.

1차 정산금이 지급되면 진행자는 정산금으로 리워드를 제작해 발송한 후 [Maker Studio] 메뉴에서 [펀딩 발송관리]를 선택해 [발송 상태]를 [미발송]에서 [발송]으로 변경합니다. 그리고 [Maker Studio]의 [새소식]에 리워드가 모두 발송됐다는 것을 알립니다.

TIP

와디즈의 펀딩금 반환에 대한 자세한 내용은 195쪽을 참고하세요.

이후 펀딩금 반환 절차까지 완료되면 다시 2차 정산 메일이 발송되고 1차 때와 같이 메일에 첨부된 정산내역서를 확인한 후 [2차 정산금 지급 신청하기]를 선택해 신청합니다. 와디즈 정산담당자가 신청 내용과 발송 새소식을 확인한 후 약 15영업일 간 무작위로 선정된 후원자에게 리워드 발송 상태를 확인합니다. 이외에 추가 모니터링을 통해 프로젝트의 사후 문제가 없음을 확인한 후 2차 정산금을 지급합니다.

와디즈 정산 절차

결제	프로젝트 마감 다음 날로부터 4영업일간
정산	• 정산내역서 메일 확인 → [정산금 지급 신청하기] → 화요일 또는 목요일에 정산금 지급 • 1,000만 원 미만: 1차(정산금의 80%), 2차(리워드 발송 및 펀딩금 반환 절차 완료 후 20%) • 1,000만 원 이상: 1차(정산금의 60%), 2차(리워드 발송 및 펀딩금 반환 절차 완료 후 40%)
	정산 서류 • 개인: 3개월 이내에 발급받은 개인인감증명서 또는 본인서명사실확인서 (서류 내 '와디즈플랫폼(주) 정산 신청 용도' 기재 필수) • 개인사업자: 3개월 이내에 발급받은 대표자의 개인인감증명서 또는 본인서명사실확인서 • 법인 사업자: 대표자의 주민등록증 또는 운전면허증(여권 불가), 3개월 이내에 발급받은 대표자의 법인인감증명서, 법인등기사항전부증명서

리워드 발송 정보 공유하기

이제 드디어 후원금으로 제작한 리워드를 발송하는 마지막 단계에 이르렀습니다. 소중한 리워드를 제작해 발송까지 무사히 마쳤다면 후원자에게 발송 소식을 알려야 합니다.

 텀블벅

텀블벅의 경우 최근 업데이트를 통해 운송장 정보를 일괄 등록할 수 있어 매우 편리해졌습니다. 운송장 정보를 등록하면 후원자의 카카오 알림톡과 메일로도 발송 내역이 자동으로 보내집니다.

01 [프로젝트 관리하기] – [후원자 관리하기]를 차례대로 선택합니다.

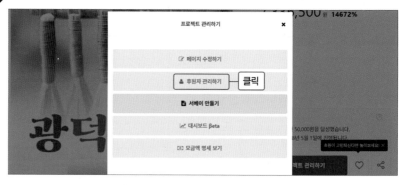

02 [운송장 입력]을 클릭하면 표시되는 [운송장 입력] 팝업창의 [엑셀 파일 다운로 드 하기]를 선택하면 텀블벅 운송장 입력 파일을 다운로드할 수 있습니다.

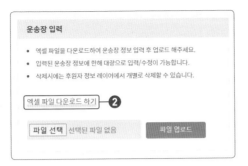

03 다운로드한 엑셀 파일을 실행해 노란색으로 표시된 영역에만 해당 정보를 입력한 후 저장합니다.

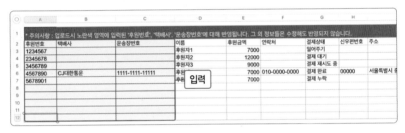

04 [운송장 입력] 팝업창의 [파일 선택]을 클릭한 후 **03**에서 작성한 엑셀 파일을 업로드하면 후원자에게 카카오 알림톡과 메일이 자동 발송됩니다.

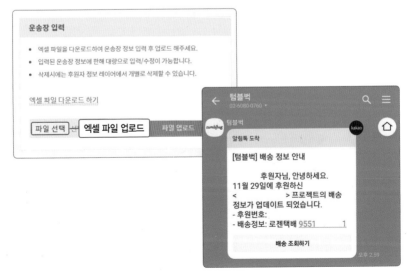

01 발송 정보를 등록하려면 [Maker Studio] 메뉴에서 [펀딩·발송 관리] - [펀딩 내역 리스트 보기]를 차례대로 선택합니다.

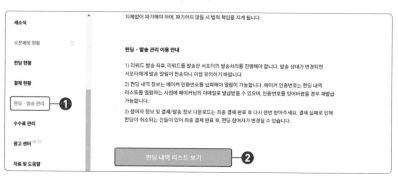

02 발송 방법은 개별 발송과 일괄 발송 중에서 선택할 수 있습니다. 개별 발송은 발송할 리워드의 수가 적을 때, 일괄 발송은 발송할 리워드의 수가 많을 때 적합합니다. 여기서는 [일괄 발송]을 알아보겠습니다. 발송 정보 입력 화면에서 [엑셀 일괄 발송처리]를 선택합니다.

03 [일괄 발송처리 양식 다운로드]를 클릭해 엑셀 파일을 다운로드한 후 엑셀 파일을 실행해 다음과 같은 정보를 입력하고 저장합니다.

① 발송 번호	② 발송 방법	③ 택배사 코드	④ 송장 번호

① **발송 번호**: [펀딩·발송 관리] 페이지 아래의 [결제·발송 정보 다운로드]를 클릭하면 전체 발송 번호를 다운로드할 수 있습니다.

② **발송 방법**: 택배, 직접 전달, 화물 배송 중 리워드를 발송할 방법을 선택합니다.

③ **택배사 코드**: 다운로드한 엑셀 파일의 [택배사별 코드]를 참고해 리워드를 발송한 택배사의 코드를 찾아 입력합니다.

④ **송장 번호**: 발송 번호 1개당 송장 번호 1개를 입력합니다. 만약 한 후원자에게 2개 이상의 리워드를 발송한 경우 발송 번호는 각각 입력하되, 송장 번호는 동일하게 입력합니다. 즉, 한 후원자당 1개의 송장 번호를 입력해야 하는 것이죠.

04 저장한 엑셀 파일을 업로드한 후 발송 처리를 하면 됩니다. 일괄 발송 처리가 완료되면 메일과 카카오톡으로 알림이 발송됩니다. 알림 발송까지는 약 10분이 소요됩니다. 알림 발송이 완료되면 처리 결과를 알 수 있습니다.

잠깐만요 **개별 발송 방법**

발송할 리워드의 수가 적다면 [발송 방법 입력]을 선택해 발송 방법을 변경할 수 있습니다.

발송정보	발송예정일	☐	발송 · 배송 발송상태 변경일	발송번호
발송정보 입력	2020-03-중	☐	미발송	99145

발송방법

선택 ⌄

택배사

택배사 선택 ⌄

송장번호

정확하게 입력하세요

특수문자(-)없이 숫자만 입력해주세요.

※ 택배 발송인 경우, 실제로 리워드를 발송(택배사에 인계)한 후 발송정보 입력을 진행하세요.

완료

- **발송 방법**: 택배, 화물 배송, 직접 전달 중에서 선택합니다.

- **택배사**: 리워드를 발송할 택배사를 선택합니다.

- **송장 번호**: 택배로 발송한 경우에만 적으면 됩니다. 단, 택배가 예약된 상태는 불가능하고 리워드가 실제 발송된 후에 입력해야 합니다.

정상적으로 반영됐다면 현재 배송 상태를 확인할 수 있고 배송 중, 수령 확인 중, 배송 완료로 표시됩니다

발송정보	발송예정일	☑	발송 · 배송 발송상태 변경일	발송번호
택배 CJ대한통운	2020-03-중		배송완료 2020-06-03	99143

INDEX